NEU-Seenland von oben

Eine Landschaft im Wandel

Peter Radke • Dr. Uwe Steinhuber

ISBN 978-3-86037-574-7

1. Auflage

Lüchower Straße 13a, 29459 Clenze
Telefon (0 58 44) 971 16-10, Telefax (0 58 44) 971 16-39
mail@limosa.de, www.limosa.de

Redaktion:
Peter Radke, Dr. Uwe Steinhuber

Fotos:
S. 8 Matthias Horst; S. 75 Rene Bär; alle übrigen Fotos Peter Radke

Satz und Layout:
Zdenko Baticeli, Lena Hermann

Korrektorat:
Ulrike Kauber

Unter Mitarbeit von:
Martina Bergmann, Karin Monneweg

Gedruckt in Deutschland

Peter Radke • Dr. Uwe Steinhuber

NEU-Seenland von oben

Eine Landschaft im Wandel

Blick auf den entstehenden Zwenkauer See – im Hintergrund links der Cospudener See

Zu diesem Buch – Zwei Sanierer blicken auf die Seenlandschaft

Mit dem Augenmerk von oben

Das neue Seenland von oben – dies ist zuerst einmal ein Anspruch, den zwei Autoren für den Leser einlösen wollen. Die Region des NEU-Seenlandes ist nicht genau definiert, aber von verschiedensten Fachleuten schon in verschiedenen Formen und Büchern beschrieben. Dennoch birgt dieses Seenland auch heute noch viel Spannendes. Diese Region ist ein Teil von Mitteldeutschland, liegt mitten im gleichnamigen Braunkohlen-Revier und ist vor allem mit der zentralen Stadt Leipzig als Metropole im Freistaat Sachsen bekannt. Wenn man guten Willens ist, kann man das NEU-Seenland über den Leipziger Kern mit Zwenkau und Borna im Süden bis nach Merseburg, Halle und Bitterfeld-Wolfen im Norden gedanklich ausdehnen. Bekannt ist das Leipziger Neuseenland vor allem mit dem Südraum von Leipzig, welcher sich schon als touristische Destination in Sachsen etabliert. Nicht weit entfernt von der Messe- und Bachstadt verläuft die Landesgrenze zu Sachsen-Anhalt, einem Bundesland, das geschichtlich von den Ottonen geprägt und noch heute von der Chemieindustrie und dem Rohstoff Kohle beeinflusst wird. Genau dies ist der andere Ansatz dieses Fotobuches: Es soll neue Akzente aus dem sich vollziehenden Landschaftswandel mit den vielen aus den vormaligen Tagbebauen entstehenden Bergbaufolgeseen fotografisch und textlich eingängig herausarbeiten. Vieles in der Region lässt sich auf die Braunkohle zurückführen. Sie hat die Menschen lange reich gemacht und für warme Öfen gesorgt. Sie hat viele Menschen angelockt, ihnen Arbeit vermittelt, aber auch einigen die Heimat genommen. Die Großraumtagebaue südlich, nördlich und westlich von Leipzig haben oder werden Hohlformen hinterlassen. Sie werden sich schrittweise zu den neuen blauen Augen der Region entwickeln und ihr ein neues Antlitz einer Wasser- und Erholungslandschaft geben. Dieses Buch möchte Momentaufnahmen dieses rasanten Landschaftswandels zeigen. Es wird sich keine vollendete Landschaft präsentieren. Vieles ist im Fluss, so dass die Autoren nur eine Zustandsbeschreibung abgeben können.

Übersichtsaufnahmen vom entstehenden Leipziger Neuseenland und den nördlichen Seen

Inhalt

Markkleeberger und Störmthaler See: links die Ortslage Markkleeberg

Die Metropole Leipzig

Der Nordraum des Leipziger Neuseenlandes

Der Raum Bitterfeld – Veränderungen prägen

Der Raum um Gräfenhainichen und Gröbern

Der Harthsee: im Vordergrund die Brikettfabrik Neukirchen

Die westlichen Seen – Industrie und Städte

Die Geiseltal-Region

Unterwegs zwischen Leipzig, Borna, Merseburg und Bitterfeld-Wolfen

Da ein Bild gelegentlich mehr als tausend Worte ausdrücken kann, liegt der Schwerpunkt dieses Buches auf den Schrägbildaufnahmen des profilierten und inzwischen in den ostdeutschen Braunkohlenrevieren sehr bekannten Fotografen Peter Radke. Sein ganzes Berufsleben hatte er mit der Gewinnung und Veredlung der Braunkohle zu tun. Sein Arbeitsleben begann als Bohrarbeiter für Tagebauentwässerung. Nach erfolgreichem Studium und einer Tätigkeit als Diplom-Ingenieur auf dem Gebiet der Schlitzwandtechnik machte er sein Hobby zum Beruf. Über den zweiten Bildungsweg schloss er 1984 eine Lehre als Fotograf ab. Anschließend setzte er sich nochmals auf die Schulbank und absolvierte an der Handwerkskammer Potsdam 1987 seinen Abschluss als Meister des Fotografenhandwerks.

Textautor Dr. Uwe Steinhuber im Gespräch mit einem Kamerateam vom MDR. (Foto: Peter Radke)

Die Überblickfotos zeigen, wie eng verknüpft gesellschaftliche und industrielle Entwicklungen im Betrachtungsgebiet sind. Der Textautor versucht, den großformatigen Aufnahmen geschichtliche, technische und politische Erläuterungen zur Seite zu stellen.

Dr. Uwe Steinhuber wurde in der Hansestadt Stendal geboren. Nach dem Abitur in der Lausitz hat er ein Politologiestudium absolviert. Nach einer kurzen Diplomatenkarriere ab 1988 ist er seit 1992 in der Öffentlichkeitsarbeit tätig. Als Leiter der Unternehmenskommunikation der Lausitzer und Mitteldeutschen Bergbau-Verwaltungsgesellschaft ist er mit dem Wandel der ostdeutschen Bergbauregionen seit 1995 befasst. Sein Arbeitsalltag hat ihn oft und an fast alle der hier beschriebenen Orte geführt. Das eine oder andere Mal hatte er Gelegenheit, den Fotograf bei seinen Flügen zu begleiten und sich von der Faszination des Vogelblicks mit einfangen zu lassen. Ein herzliches Glückauf allen Lesern und Betrachtern und ein herzliches Willkommen in der Seenland-Region!

Peter Radke und Dr. Uwe Steinhuber

Für den Bildautor Peter Radke ist das Transportmittel Hubschrauber die erste Wahl. (Foto: Matthias Horst)

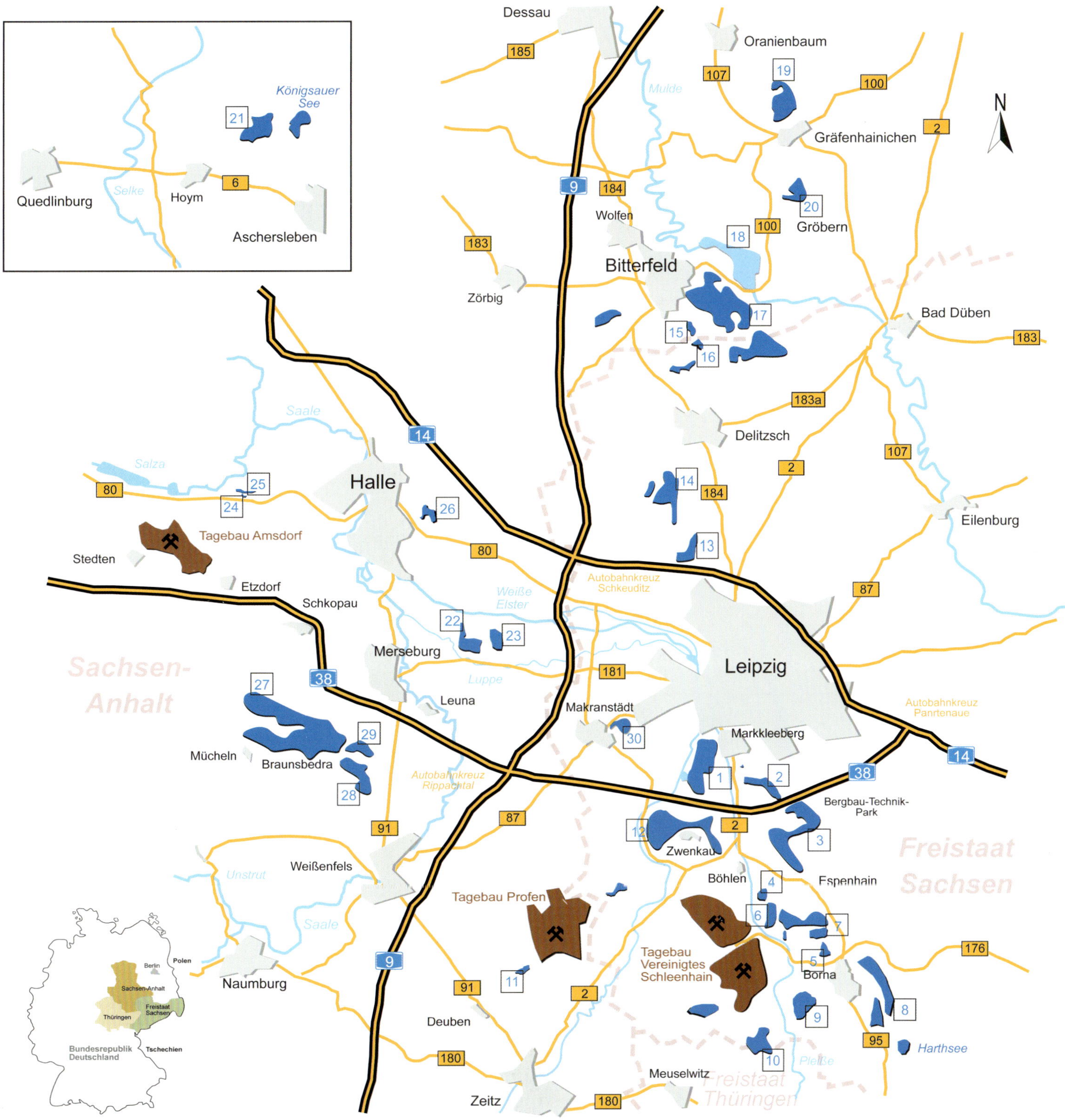

1	Cospudener See	7	Hain-Haubitzer See	13	Schladitzer See	19	Gremminer See	25	Süßer See
2	Markkleeberger See	8	Bockwitzer See	14	Werbeliner See	20	Gröberner See	26	Hufeisensee
3	Störmthaler See	9	Speicher Borna	15	Holzweißiger See	21	Concordiasee	27	Geiseltalsee
4	Stausee Rötha	10	Haselbacher See	16	Paupitzscher See	22	Wallendorfer See	28	Großkaynaer See
5	Speicher Witznitz	11	Mondsee	17	Großer Goitzschesee	23	Raßnitzer See	29	Runstedter See
6	Kahnsdorfer See	12	Zwenkauer See	18	Muldestausee	24	Salziger See	30	Kulkwitzer See

Vielfältige Bergbaurelikte – Neue Chancen

Seen-Zukunft braucht Kohle-Herkunft

In der Region zwischen Leipzig, Halle und Merseburg wurden seit Mitte des 19. Jahrhunderts Millionen Tonnen Braunkohle aus mehreren Metern Tiefe geholt. Der Abbau und die Veredlung der Kohle war seitdem eine wichtige Lebensgrundlage in der Region. Dieser Prozess hatte in der Folge auch eine große wirtschaftliche und soziale Bedeutung für den Aufschwung und den späteren Umbruch der Region. Der Abbau führte bereits seit den 20er Jahren des 20. Jahrhunderts auch zu unübersehbaren negativen Folgen für die Umwelt. Landschaften wurden zerschnitten, Siedlungen überbaggert, die Luft verschmutzt und Lebensräume für Flora und Fauna zerstört. Die ehemals von Wald und Acker geprägte Kulturlandschaft sowie die strukturreiche Seenlandschaft wurden durch den Abbau der Braunkohle fast gänzlich zu einer reinen Bergbaulandschaft verändert.

Seit 1950 bis einschließlich 2012 wurde eine Gesamtfördermenge für das Mitteldeutsche Revier mit 5385 Millionen Tonnen Braunkohle vom DEBRIV registriert. Nach 1990 setzte ein erneuter, weitreichender Wandel der Landschaft in der Folge der abrupten Einstellung von mehr als einem Dutzend Großtagebauen innerhalb weniger Jahre ein. Aus den offenen Gruben und den verbliebenen Restlöchern der Tagebaue entstehen seitdem überwiegend neue und zum Teil sehr große Gewässer. Deren Randbereiche bieten nach ihrer Wiedernutzbarmachung vielfältige Möglichkeiten für Tourismus und Wirtschaft. Kippen und weitere devastierte Areale werden durch Sicherungs- und Rekultivierungsmaßnahmen zu neuen Landwirtschafts- und Waldflächen oder Solaransiedlungen umgeformt. Andere Gebiete bleiben aus Naturschutzgründen weitgehend sich selbst überlassen. Dadurch können sich neue Lebensräume für die Tier- und Pflanzenwelt entwickeln. Die Wiedernutzbarmachung der ehemaligen Flächen des Bergbaus erfolgt auf der Grundlage des Bundesberggesetzes. Diese Aufgabe wird von der LMBV als bergrechtlich verantwortliches Unternehmen für die der Firma vom Bund übertragenen Flächen in engem Zusammenwirken mit den Ländern, Regionen und Kommunen wahrgenommen.

Sichtbar sind noch die Kippenflächen des ehemaligen Tagebaues Espenhain. Im Bild der Störmthaler See, links im Bild die Kulturinsel VINETA

Die Seenmacher – Eine Generationen-aufgabe

Von alten Gruben zu neuen Seen – Das Erbe für die LMBV

Seit Mitte der 1990er Jahre trägt die Lausitzer und Mitteldeutsche Bergbau-Verwaltungsgesellschaft, kurz LMBV, die Verantwortung für die Wiedernutzbarmachung und Sanierung der in dieser Region befindlichen Bergbaualtlasten. Neben der Revitalisierung von ehemaligen Industriestandorten wie Kraftwerken, Brikettfabriken und Kokereien sind es vor allen Dingen die Tagebauareale, die so herzurichten sind, dass eine gefährdungsfreie Nachnutzung möglich ist. Das neue Seenland stellt dabei ein Meisterstück der durch die Bergbausanierer geschaffenen neuen Landschaften dar. Insgesamt 30 größere neue Seen mit einer Gesamtwasserfläche von mehr als 11 600 Hektar entstehen in den alten Gruben Mitteldeutschlands. Umgestaltet wird die Bergbaufolgelandschaft unter Federführung der LMBV, einer Gesellschaft im Eigentum der Bundesrepublik Deutschland. Die Bundesländer Sachsen-Anhalt und Sachsen haben sich frühzeitig dazu bekannt, weitere notwendige Arbeiten für eine touristische Folgenutzung zusätzlich zu finanzieren und bei der Sanierungsträgerin LMBV zu beauftragen. Mit erheblichen öffentlichen Mitteln werden LMBV-weit 32 von insgesamt 39 Braunkohlentagebauen wieder nutzbar gemacht. Von diesen 39 Förderstätten waren 20 im mitteldeutschen Revier verortet. Es entstehen durch die neu geschaffenen, teilweise auch untereinander verbundenen Seen einmalige Bergbaufolgelandschaften. So besteht das Leipziger Neuseenland rund um Leipzig aus zehn gefluteten ehemaligen Tagebaurestlöchern mit einer Wasserfläche von künftig zusammen fast 3660 Hektar. Es entwickelt sich allein mit seinen großen Seeflächen zunehmend zu einer der touristischen Hauptattraktionen der Region.

LMBV

Lausitzer und Mitteldeutsche Bergbau-Verwaltungsgesellschaft mbH

Die Wiedernutzbarmachungsverpflichtung für die zwischen 1945 bis 1990 stillgelegten Tagebaue in Mitteldeutschland hat die Bundesgesellschaft LMBV.

Das Seenschaffen – Eine Herausforderung

Wo neue Seen geflutet werden

Ein Schwerpunkt der LMBV-Arbeiten an den zehn südlichen Seen liegt am Zwenkauer See. Das Ende des Tagebaus Zwenkau wurde 1999 eingeläutet. Bis dahin diente der Tagebau zur Rohkohleversorgung der Veredlungsanlagen im Südraum Leipzig. Danach begann die umfassende Sanierung dieses Bergbauareals, so dass der Flutungsstart des Tagebaurestloches ab 2006 durch das Abstellen der Pumpen erfolgte. Ab März 2007 ergänzte Wasser aus dem aktiven Tagebau Profen der MIBRAG den Flutungsprozess. Im Jahr 2015 wird der dann fast 1000 Hektar große Zwenkauer See seinen Endwasserstand erreichen. Neben Freizeit, Erholung und Wassersport wird der Zwenkauer See vor allem dem Hochwasserschutz der Stadt Leipzig dienen. Dazu wurde in 2012 bis 2013 von der LMBV ein Einleitbauwerk von der Weißen Elster in den Zwenkauer See am Standort Zitzschen gebaut. Damit können im Hochwasserfall mehrere Millionen Kubikmeter Wasser eingeleitet werden. Der Geiseltalsee südlich von Halle mit 1850 Hektar ist der größte künstliche See Deutschlands und bildet mit seinen kleineren Nachbarn eine 2240 Hektar große Seenlandschaft. Das Zusammenwirken von Ländern, Regionen und Kommunen mit privaten Investoren sowie der LMBV als bisherige Eigentümerin der Flächen wird letztlich über den Erfolg der Bergbausanierung entscheiden. Die entstehenden großen Seen sollen in Sachsen vorrangig an den Freistaat übertragen werden, während in Sachsen-Anhalt auch private Gesellschaften zum Zuge kommen. Die Verhandlungen mit Sachsen zu den Rahmenbedingungen dieses Seenübergangs konnten Anfang 2008 vertraglich fixiert werden. Das betrifft vor allem die großen Seen im Südraum Leipzig. Die LMBV wird danach schrittweise nach Erreichen bestimmter rechtlicher und qualitativer Kriterien die Seen in den kommenden Jahren auf den Freistaat übertragen. Parallel wird es noch ein Langzeitmonitoring und eine Nachsorge durch das Bundesunternehmen geben. Dieser Nachsorgeprozess beinhaltet einerseits die Sicherung der Güte und anderseits die Gewährleistung der Sicherheit der Seen.

Der künftige Hafen Zwenkau am gleichnamigen See ist ein interessantes Ergebnis der Sanierung der Bergbauhinterlassenschaften durch die LMBV.

Die Sanierer bewegen Neuland

Wo Landschaften verändert werden

Die Sanierung der ehemaligen Bergbaulandschaft südlich und nördlich von Leipzig durch die LMBV hat wie in ganz Mitteldeutschland zu einer enormen Landschaftsveränderung geführt. Ehemalige Tagebaue, welche die Landschaft durchkreuzten, sind zu ansehnlichen Seen und Naturgebieten geworden. Der Zwenkauer See macht schon von sich reden ebenso wie der Hainer, Markkleeberger, Cospudener, Schladitzer See und die Goitzsche, die bereits seit einigen Jahren in Nutzung sind. Neben der bergmännischen Grundsanierung konnten hier viele innovative Ansätze seit Anfang der 1990er Jahre über die sogenannten § 4-Maßnahmen sowie auch private Investoren umgesetzt werden. Trotz eines engagierten Wirkens zahlreicher regionaler Partner und Arbeitsgruppen im Nordraum von Leipzig sind Defizite gegenüber dem Südraum entstanden. Diese gilt es in den nächsten Jahren zu kompensieren. Schwerpunkte bilden dabei der Zwochauer, Werbeliner und Seelhausener See. Die Voraussetzungen dazu sind mit dem fünften Verwaltungsabkommen zur Braunkohlesanierung gegeben. Bis zu sieben Millionen Euro Landesgelder aus Dresden sollen in den Jahren von 2013 bis 2017 im Nordraum des Leipziger Neuseenlandes investiert werden. Dabei kommt es darauf an, entsprechende Schwerpunkte und Prioritäten festzulegen, um die vorhandenen Mittel effektiv einzusetzen. Dazu ist ein regionaler Konsens notwendig, denn nicht alle Visionen und angedachten Maßnahmen lassen sich umsetzen.

Herausragendes Beispiel für eine gelungene Bergbausanierung: Der geflutete vormalige Tagebau Goitsche wurde von den Sanierern zum Großen Goitzschesee entwickelt. Dazu waren auch Wasserbehandlungsmaßnahmen notwendig.

Neue Wasserlandschaften – Investitionsmekka

Die Entwicklung im Seenland wird vorangetrieben

Die LMBV wird ihre Sanierungsarbeiten auch im Nordraum des Leipziger Neuseenlandes weiter konsequent fortsetzen, um die Basis für die Investitionen Dritter zu legen. Dazu zählen die Maßnahmen in der bergmännischen Grundsanierung wie die Wasserbaumaßnahmen am Lober-Leine-Kanal und der Wegebau in den ehemaligen Tagebauen Delitzsch-Südwest und Breitenfeld. Für Tourismus und Naherholung wurde 2013 beispielsweise die Gestaltung des Sportstrandes in der Schladitzer Bucht umgesetzt und Planungen für eine Südumfahrung des Schladitzer Sees erstellt. Der Werbeliner See soll einen nördlichen und östlichen Straßenanschluss einschließlich Parkplatz erhalten. Am Seelhausener See ist u.a. die Wiederherstellung der Straße zwischen Laue und Sausedlitz geplant. Damit kann der Rundweg nach den Hochwasserschäden aus 2013 wieder geschlossen werden. Auch an der Goitzsche geht es in den kommenden Jahren darum, die eingetretenen Flutschäden schrittweise zu minimieren und beispielsweise die Schadstellen bei Sausedlitz und Löbnitz zu beseitigen. 2011 wurde ein Masterplan II für die Goitzsche diskutiert. Mit dem neuen Eigentümer der Goitzsche seit Ende 2013 müssen sich die Anrainerkommunen und Investitionsvorhabensträger am See noch einmal neu arrangieren. Einige Projektideen werden sich den Vorstellungen der Blausee GmbH noch anpassen müssen. Die Goitzsche soll auch nach dem Verkauf weiterhin offen zugänglich bleiben. Es bestehe nach wie vor die kommunale Planungshoheit und damit die kommunale Zuständigkeit und Verantwortlichkeit im Bereich der Bauplanung.

Blick auf den im Bau befindichen Hafen Braunsbedra am Geiseltalsee. Hier werden mit Landes- und kommunalen Mitteln die Aufwendungen der Bergbausanierung ergänzt.

Die schwarzen Löcher – Die aktiven Tagebaue

Die Kohleförderer – Wo Bagger die Kohle ausbeuten

Das heutige Bergbauunternehmen Mitteldeutsche Braunkohlengesellschaft mbH (MIBRAG) fördert seit mehreren Jahren in seinen beiden Tagebauen Profen in Sachsen-Anhalt und Vereinigtes Schleenhain in Sachsen jährlich etwa 19 Millionen Tonnen Rohbraunkohle. Hauptabnehmer sind die Kraftwerke Schkopau in Sachsen-Anhalt und Lippendorf in Sachsen sowie andere Kunden. Weitere Geschäftsfelder sind die Produktion und der Verkauf von Braunkohlenstaub und Fernwärme. Die MIBRAG-Gruppe beschäftigt etwa 3000 Mitarbeiter, davon 150 Auszubildende. Die MIBRAG, mit Sitz in Zeitz in Sachsen-Anhalt investierte in den vergangenen 20 Jahren über 1,3 Milliarden Euro in innovative Bergbautechnik sowie in Maßnahmen zum Umweltschutz. Das Fördervolumen erreichte zum Jahresende 2013 18,9 Millionen Tonnen. Für Investitionen in modernste Bergbautechnik und die Entwicklung der Tagebaue wurden allein 2013 mehr als 43 Millionen Euro aufgewendet. Die drei MIBRAG-Kraftwerke Wählitz, Deuben und Mumsdorf lieferten im Jahr etwa 1355 Gigawattstunden Elektroenergie zum Betrieb der Tagebaue und ins öffentliche Netz. Die MIBRAG-Windenergieanlagen auf dem ehemaligen Tagebaugelände am Rande des Tagebaus Vereinigtes Schleenhain speisten 16 000 Megawattstunden Elektroenergie ins Netz ein. Am Veredlungsstandort Deuben in Sachsen-Anhalt wurden zuletzt rund 56 400 Tonnen Briketts produziert. Im Dreieck zwischen Lippendorf, Groitzsch und Deutzen erstrecken sich die Abbaufelder des Tagebaus Vereinigtes Schleenhain. Seine drei Felder Peres (Förderung seit 1966 und Stundung 1990), Groitzscher Dreieck (Förderung seit 1975 und Stundung 1991) und Schleenhain, die bis 1990 als eigenständige Betriebe fungierten, wurden bis 1999 ertüchtigt und haben noch eine prognostizierte Reichweite bis 2040, die auf dem Vorrat von mehr als 300 Millionen Tonnen Braunkohle beruht. Bis Ende 2012 wurden 645 Millionen Tonnen Kohle bei einer Abraumbewegung von 1370 Milliarden Kubikmeter gefördert. Dafür wich auch die Gemeinde Heuersdorf, unter der rund 52 Millionen Tonnen Kohle prospektiert sind und deren Bewohner dafür umsiedeln mussten. Insgesamt haben im mitteldeutschen Revier rund 24 000 Menschen ihre Heimat verloren.

Der Tagebau Profen besteht aus den drei Abbaufeldern Domsen, Profen-Süd und Schwerzau. Von den zehn Großgeräten im Tagebau sind hier zwei im Einsatz zu sehen.

Die neuen Wasserlandschaften – Mit Reizen

Die Landschaft südlich der Metropole Leipzig wird heute immer mehr von neuen Seen, alten Kippen und Halden auf der einen Seite und immer weniger von produzierenden Tagebauen und Industrieanlagen auf der anderen Seite geprägt. 3660 Hektar groß sind zusammen allein die von den Bergbausanierern seit 1999 geschaffenen neuen Wasserflächen, die ein gesamtes Hohlraumvolumen von rund 675 Millionen Kubikmeter haben. Die zehn größeren Bergbaufolgeseen, die Halde Trages oder die ehemaligen Witznitzer Industriedenkmale dominieren heute mehr den Charakter der Region als die noch aktiven Tagebaue Peres und Vereinigtes Schleenhain, die Edelmetallschmiede Espenhain oder das Braunkohlekraftwerk Lippendorf. »Das Leipziger Neuseenland ist bereits ein Magnet für Erholungssuchende von nah und fern. Es bietet seinen Besuchern die Möglichkeit zu Aktivurlaub und Entspannung am Rande der pulsierenden Metropole Leipzig«, so Sven Morlok, sächsischer Staatsminister für Wirtschaft, Arbeit und Verkehr in einer Mitteilung. Bergbausanierer LMBV und Kohleförderer und Veredler MIBRAG haben eng zusammengearbeitet, um das notwendige Wasser zur Flutung der Bergbaufolgeseen bereitzustellen. Aus dem Sümpfungswasser der aktiven Tagebaue wurden die Restlöcher über eine Ringleitung gespeist.

Ein Grundwasserdefizit von mehr als 5,7 Milliarden Kubikmeter musste in den zurückliegenden Jahren durch die Bergbausanierer ausgeglichen werden.

Die Wasserwege im Leipziger Neuseenland

Auf verschiedenen Kursen von und nach Leipzig

2011 war ein entscheidendes Jahr für die Anbindung Leipzigs an die jungen Bergbaufolgeseen im Süden. Mit dem Bau und der Einweihung erster wassersportlicher und auch touristisch nutzbarer Verbindungen konnten neue Perspektiven für die stark in Anspruch genommene Landschaft entwickelt werden. Insgesamt acht Kurse werden über 200 Kilometer Länge die unterschiedlichsten Gewässer verbinden und einen touristisch interessanten Verbund schaffen. Die Kurse weisen Längen von nur sieben bis sogar 41 Kilometern aus. Alle Gewässer können mit Kanus oder Paddelbooten befahren werden. Auf einigen Fließgewässern und Seen können auch emissionsarme und flachgängige Motorboote genutzt werden, darunter die bereits zugelassenen, besonders flach gebauten und leisen »LeipzigBoote«. Ein zentraler Start- und Zielpunkt ist der neue Stadthafen. Beim Kurs 1 führt der Weg zum Cospudener See über das Elster- und das Pleißeflutbett. Von der Pleiße gelangen die Wassertouristen in den Floßgraben durch den Auwald zum Landschaftspark Cospuden. Später ist noch die Anbindung vom Cospudener zum Zwenkauer See geplant. Dafür soll über Kippengrund noch der Harthkanal und die dazugehörige Schleuse gebaut werden, 2014 fingen dazu die Planungen an. Rund zehn Millionen Euro wird dieser Bau voraussichtlich kosten, der gegen Ende 2018 fertig werden soll. Insgesamt sollen aus heutiger Sicht bis 2023 rund 30 Millionen Euro aus dem mit sächsischen Mitteln gefüllten Teil des Topfes der Bergbausanierung eingesetzt werden, um den angestrebten Gewässerverbund im Neuseenland nicht zu einem Stückwerk verkommen zu lassen.

Viele Akteure ringen um die beste Lösung, um möglichst viele Bergbaufolgeseen und Flüsse mit der Innenstadt von Leipzig zu verbinden – hier die Schleuse am Connewitzer Wehr.

Der Cospudener See – Der erste große Nutzbare

Der Startsee für das NEU-Seenland

Das bekannteste Gewässer im Leipziger Neuseenland ist der Cospudener See. Durch seine Nähe zu Leipzig ist er inzwischen für viele Gäste das bevorzugte maritime Naherholungsgebiet, wo die Bergbauherkunft kaum noch erkennbar ist. Der Tagebau Cospuden wurde im April 1981 in der Elsteraue und an der nördlichen Randböschung des Tagebaus Zwenkau als letzter der Tagebaue im Südraum neu aufgeschlossen. Er griff in den der Stadt Leipzig gehörenden Harthwald, ein beliebtes Ausflugsziel der Leipziger, stringent ein. Die Kohleförderung aus den beiden Flözen, deren Mächtigkeit zwischen acht und zwölf beziehungsweise zwei und zehn Metern lag, startete im August 1981. Die relativ bescheidene Förderung von nur fünf Millionen Tonnen Kohle pro Jahr und die Inanspruchnahme der Harth führten schon früh zu Protesten gegen die Ausweitung dieses stadtnahen Tagebaus. 1989 wurde westlich von Markkleeberg der nächste Drehpunkt eingerichtet und mit der Überbaggerung weiteren Auenwaldes in Richtung Norden begonnen. Mit der politischen Wende 1990 wurde eine Entscheidung des Ministerrates zur Festschreibung der Abbaugrenzen erzwungen, die dazu führte, dass schon 1992 der letzte Kohlenzug aus der Grube rollte. Von 1981 bis 1992 konnten so nur rund 32 Millionen Tonnen Kohle gefördert werden. Der frühzeitige Stopp des Tagebaus war gleichzeitig die Chance für einen prioritär zu schaffenden Bergbaufolgesee in der verbliebenen Hohlform, der in die damals konzipierte Weltausstellung EXPO 2000 als Außenstandort eingebunden werden sollte. Eine umfassende Tagebausanierung in den 1990er Jahren durch die LMBV ermöglichte ab 1993 das Aufsteigen des Grundwassers und ab 1995 eine gezielte Flutung mit Zwenkauer und ab 1998 auch mit Profener Sümpfungswasser. Der Bergbaufolgesee erreichte im Jahr 2000 wie vorgesehen seine anvisierten Parameter. Mit rund 436 Hektar und einem Inhalt von etwa 109 Millionen Kubikmetern ist der See bis 54 Meter tief und hat eine überzeugende Sichttiefe. Mit dem geplanten Harthkanal soll künftig auch der benachbarte Zwenkauer See zusätzlich angeschlossen werden. Damit würde sich das Wassersportrevier erweitern.

Der Cospudener See ist nicht nur ein Eldorado für Segler, auch Surfer und Kite-Surfer haben den See als ihr Revier entdeckt. Die 10,8 Kilometer asphaltierten Rundwege reizen vor allem Skater, Spaziergänger und Radler, den See und sein Umfeld zu erkunden.

Die Pier 1 und der Hafen Zöbigker

Die »Costa Cospuda« zieht die Menschen an

Kaum ein anderer Bergbaufolgesee hat es so oft ins Fernsehen geschafft. Da der Cospudener See der stadtnächste und erstnutzbare der neueren Bergbaufolgeseen war, konzentrierten sich hier zunächst die Besucher und auch die Investoren. Dazu gehörten die privaten Geldgeber für das Projekt Pier 1. Ursprünglich suchten Banker, Ärzte und Anwälte eine Möglichkeit zum privaten Bauen am Wasser. Dies war jedoch an den mit öffentlichen Mitteln geschaffenen Seen mit teilweise gekippten Ufern zunächst nicht möglich. So hatten Investoren die Idee, insbesondere für die geldgebende Klientel zunächst Raum und Betätigungsfeld für Segler zu schaffen – vom Steg über Übernachtungs- und Lagermöglichkeiten bis hin zu Versorgungseinrichtungen. Diese sollten noch vor Flutungsaufgang auf Stelzen in den See hinein gebaut werden. Die Verhandlungen und Genehmigungsprozeduren zogen sich hin und wurden fast vom schnell ansteigenden Wasser überholt. Daher konnte die Grundidee, eine belebte Seebrücke, die in das Gewässer ragt, nur teilweise im Trockenen umgesetzt werden. Dennoch hat sich eine fast 100 Meter lange schwimmende Pier entwickelt, deren Hafengebäude skandinavisch anmuten. Die Vielzahl der an den Stegen festgemachten Segelboote zeigt, dass das Konzept aufgegangen ist. Gastronomie-Angebote werten das Ensemble auf. Am Zöbigker Hafen sind heute verschiedene Restaurants, Imbiss-Möglichkeiten, Biergärten, Ausleihen und Segelvereine ansässig. Hier starten auch Motorboote seit 2000 zur touristischen Seequerung. Die Motorschiffe COSPUDEN und NEUSEENLAND bieten Rundfahrten ab Anfang April jeden Jahres an, die vom Zöbigker Winkel zum Nordstrand oder zur Bistumshöhe gehen. Auch die Motorjacht SEALADY kann für Touren auf dem dreieinhalb Kilometer langen und anderthalb Kilometer breiten See gebucht werden. Rund 500 000 Besucher werden jährlich am See gezählt. Auch für aktiven Sport gibt es Möglichkeiten. So hat sich der Golfclub Markkleeberg nordwestlich von Pier 1 entwickelt. Neben der Volvo Champions-Race haben bereits verschiedene Regatten auf dem See stattgefunden.

Seine gute Erreichbarkeit mit öffentlichen Verkehrsmitteln und Parkmöglichkeiten, wie hier am Pier 1, machen den Cospudener See zum gefühlten Leipziger Stadtgewässer und zum bekannten Naherholungsgebiet.

Die aus sibirischer Lärche und Metall gebaute Bistumshöhe zeigt sich so nach allen Seiten offen und ermöglicht vielfältige Ausblicke, auch auf den Freizeitpark BELANTIS. Weitere neue Attraktionen sollen dazugebaut und der Park auf bis zu 53 Hektar erweitert werden.

Die Bistumshöhe und der BELANTIS-Park

Wo Panorama- und Pyramidenblick möglich sind

Die Bistumshöhe ist eine der wenigen noch markanten Landmarken im Südraum. Ihr Name könnte aus der Zeit stammen, als der Landstrich am Südwestufer des Cospudener Sees noch zum Bistum Merseburg gehört haben soll oder er könnte auf den dortigen Staatsforst Bistum zurückgeführt werden. Auf einem von den Bergbausaniern aufgeschütteten Hügel auf dem angrenzenden Kippengelände des Zwenkauer Tagebaus erhebt sich seit 2000 eine Holz-Stahl-Konstruktion 35 Meter in die Höhe. Über eine gewendelte Treppe mit 180 Stufen gelangt man auf eine Aussichtsplattform, die einen weiten Blick über den nahen Bergbaufolgesee bis nach Leipzig auf der einen, auf die Neue Harth und auf BELANTIS auf der anderen Seite gewährt. In einer Schlotbauweise von Metallbauern errichtet, erinnert die durchbrochene Holzverkleidung an die vielen verschwundenen Essen und Schornsteine des untergangenen Brikettzeitalters. Auf den Kippenflächen westlich des Cospudener See ist eine außergewöhnliche Ansiedlung gelungen: die eines Freizeitparkes im Leipziger Neuseenland, der sich mit den eingeführten Parks im Norden und Westen messen kann. Als Investoren von BELANTIS traten verschiedene private Rundfunksender bzw. deren Eigentümer an, um auf 30 Hektar Kippe einen Vergnügungspark aufzubauen. Im Jahr 2001 begann der 50 Millionen Euro teure Bau der Anlage, die im Herbst 2003 an den Start ging. In der ersten Saison kamen nach Angaben der Betreiber schon 500 000 Besucher, obwohl die umgebende Landschaft noch karg und die gepflanzten Bäume jung waren. Nach anfänglich rückläufigen Besucherzahlen stiegen diese ab 2010 wieder an. Ende 2013 wurde die Marke von 6 Millionen Gästen in BELANTIS erreicht. Neben dem Empfangsschloss laden 35 verschiedene Attraktionen mit märchenhaften Namen wie das Tal der Pharaonen, der Strand der Götter, das Land der Grafen, die Insel der Ritter oder die Küste der Entdecker die Besucher zum Einsteigen und Mitmachen ein. Der noch junge Park soll auch nach 2014 um neue Anziehungselemente erweitert werden.

Die Connewitzer Schleuse – Süddurchlauf

Neues Bauwerk für die Bootsanbindung von der City

Wer von Leipzig auf dem Wasserweg zum Cospudener See will, muss zwei Schleusen durchqueren. Neben dem vorhandenen Wassernetz gibt es nunmehr eine erste strategische Wasseranbindung zu den jungen Bergbaufolgeseen, die noch ausgeweitet werden soll. Über elf Kilometer Länge ist Leipzigs Wasserstraße in den Süden mit Kanus, Paddelbooten und dem speziellen elektrogetriebenen LeipzigBoot zu befahren. Zwischen drei und vier Stunden dauert nun eine muskelkraftbetriebene Tour von der Innenstadt über den naturnahen Auenwald, bevor es über den Floßgraben in den Waldsee Lauer und die Schleuse Cospuden geht. Abschnittsweise sind das Elster- und das Pleißeflutbett sowie die Pleiße bis zum agra-Wehr auch nutzbar für Ruderboote. Wesentliches neues Element, um zum Cospudener See zu gelangen, ist die dafür umgebaute Connewitzer Schleuse am Pleißewehr. Sie hilft seit Juni 2011, einen Höhenunterschied von 90 Zentimetern in der Pleiße zu überwinden. Gebaut hatte die LMBV die Schleuse und die zu unterquerende Probsteibrücke, die beide an die Stadt übergeben wurden. Mit rund vier Millionen Euro war die Bausumme ansehnlich. Damit leisteten die Bergbausanierer einen wichtigen Beitrag zur Entwicklung und zur Anbindung der Bergbaufolgelandschaft. Das Schleusenbauwerk war das wichtigste von sieben Bauvorhaben zur Realisierung des sogenannten Kurs 1. 20 Jahre vorher wäre man für eine solche Vision noch verlacht worden. Künftig kann damit das wassertouristische Nutzungskonzept der Stadt und der Region besser gewährleistet werden.

Die Connewitzer Schleuse am Pleißewehr wurde für die Wassertouristen ausgebaut. Mit Leuchtsignalanlagen werden die Wassersportler geleitet.

Die Cospudener Schleuse – Seeanschluss

Durchlauf für die seeseitige Bootsanbindung

Die Leipziger, die über mehr Brücken als Venedig verfügen, können seit der Eröffnung des sogenannten Kurs 1 per Boot und auf dem Wasserweg aus der City durchgängig ins Neu-Seenland gelangen. Nach dem Passieren der Connewitzer Schleuse und des feuchten Auwaldes öffnet sich erneut die Landschaft und man durchquert den Landschaftspark Cospuden und den Waldsee Lauer. Nach der zweiten Schleusung ist der Cospudener See erreicht. So bietet der Kurs 1 verschiedene optische Reize und kann am Nordstrand, am Ostufer, im Hafen Zöbigker oder am Westufer dicht an der Bistumshöhe beendet werden. Die oben genannte Schleuse wurde 2006 als erstes Bauwerk von den Bergbausanierern der LMBV für die Vernetzung von Leipzig und den Bergbaufolgeseen hergestellt. Die Schleuse Cospuden gehört damit ebenfalls zum System vom Gewässerkurs 1. Auch sie ermöglicht auf dem Weg aus dem Cospudener See heraus oder umgekehrt die Überwindung des Wasserspiegelunterschieds von 90 Zentimetern zwischen dem Gewässer und dem Floßgraben. Die Schleuse wurde von der LMBV so errichtet, dass sie bei Bedarf automatisch funktioniert. Bis zu drei Schleusungen sind pro Stunde in der zwölf Meter langen und vier Meter breiten Kammer möglich. Auch hier existiert eine Extra-Umtragemöglichkeit für diejenigen Wasserwanderer, die nicht auf die Schleusung warten wollen.

Mit der Cospudener Schleuse, vorn im Bild, hat der Bergbaufolgesee dazugewonnen: Er ist damit an die Vorfluter in Richtung Leipzig angeschlossen. Im Hintergrund ist der Waldsee Lauer zu erkennen.

Die Stadt Markkleeberg – Mehr als zwölf Dörfer

Lange vom Tagebau bedrängt, heute von Seen umgeben

Die Stadt Markkleeberg ist eine Ansammlung von ehemals zwölf Dörfern im Süden von Leipzig, aus denen 1934 die heutige Stadt im Pleißetal formell aus dem Ort Oetzsch-Markkleeberg in Mitte und dem Ort Gautzsch im Westteil geformt wurde. Der weitläufige, an einigen Stellen villenhaft mondäne und an anderen Punkten dörfliche Charakter der Kommune hat sich bis heute erhalten. Die Teilung durch eine in Nord-Süd-Richtung verlaufende Bundesstraße verstärkte den etwas flächenhaft zerrissenen Charakter der heutigen Großen Kreisstadt, die eine Ausdehnung von etwa neun Kilometern in Ost-West und sechs Kilometern in Nord-Süd-Richtung hat. Auf der einen Stadtseite liegen die Ortsteile Markkleeberg-Ost, Wachau und Auenhain, auf der anderen Seite Raschwitz, Zöbigker, Gaschwitz und Oetzsch. Vier Grundschulen und zwei Oberschulen hat der Ort heute, in dem mehr als 24 000 Menschen leben. Weitläufige Parkanlagen wechseln sich in der Kommune mit Gründerzeitvillen, Geschäftshäusern und Wohnanlagen ab. Einige attraktive Gründerzeitstraßenzüge stammen aus der Wende zum 20. Jahrhundert und gehen auf wohlhabende Leipziger Bürger zurück. Das älteste erhaltene sakrale Bauwerk von Markkleeberg ist die Auenkirche im Ostteil der Stadt aus dem Jahr 1627. Mehr als 600 Kulturdenkmale prägen die Stadt. So zum Beispiel das historische Torhaus, das zum Ensemble des Rittergutes und vormaligen Schlosses derer von Cleberg gehört. Spuren von insgesamt sieben Gutsanlagen und den dazugehörigen Herrenhäusern und Landhäusern sind heute noch in der Kreisstadt sichtbar. Zwei alte Rittergüter fielen dem Braunkohlenbergbau komplett zum Opfer. Die Stadt wurde von dem Tagebau Espenhain von Süden her und dem Tagebau Cospuden von Westen her bedrängt. Fast die Hälfte der heutigen Stadtfläche wurde vom Braunkohlenbergbau in Anspruch genommen. So gingen die Ortsteile Cröbern, Crostewitz, Cospuden, Prödel, Teile von Zöbigker und das Gut Lauer schrittweise verloren. Heute prägen die Bergbaufolgeseen Cospuden und Markkleeberg, der Kanupark und der Seepark Auenhain im Umfeld das Bild für Einheimische und Besucher.

Das Stadtrecht wurde Markkleeberg erst 1934 verliehen. Heute profitiert die Stadt von ihrer Nähe zu den Bergbaufolgeseen, von denen seeanteilig 480 Hektar auf Markkleeberger Gemarkung liegen.

Der Markkleeberger See – Der stadtnahe See

Wie sich der Tagebaunachteil in einen Seevorteil wandelte

Ab 1999 hat die LMBV begonnen den Markkleeberger See zu fluten. Nach der schrittweisen Freigabe des Sees im Jahr 2006 hat sich das mittelgroße Gewässer als Bergbaufolgesee mit sehr unterschiedlichen Angeboten inzwischen im Leipziger Neuseenland fest etabliert und ist dabei, dem Cospudener See den ersten Rang abzulaufen. Dazu beigetragen haben nach Abschluss der Flutung u.a.: die Fertigstellung der Seepromenade am Nordufer mit einem Strand und zwei weiteren angrenzenden Strandbereichen, der Bau des in der Region einzigartigen Kanuparks mit Rafting-Angeboten und die Investitionen in Urlauberhäuser im Seepark Auenhain. Dazu kommt ein Wegesystem um die rund neun Kilometer langen Ufer des von Menschenhand geschaffenen Gewässers. Der See hat eine bergbaubedingte Geschichte, da er in der verbliebenen Hohlform des nördlichen Espenhainer Abbaugebietes entstanden ist. Nördlich der Ortslage Espenhain hatte schon 1937 die Aktiengesellschaft Sächsische Werke den Aufschluss eines Großtagebaus vorangetrieben. Mit seinen Aufschlussmassen entstand u.a. die heute begehbare Hochhalde Trages, eine Erhebung westlich vom heutigen Ort Espenhain. 1979 bis 1980 schwenkte das Baufeld West des Tagebaus Espenhain südöstlich an der Stadt Markkleeberg vorbei. 1994 wurde die Förderbrücke des Tagebaus stillgelegt und 1996 die Kohleförderung eingestellt. Der Tagebau hatte dafür fast 4000 Hektar an Fläche beansprucht. Rund 565 Millionen Tonnen Braunkohle lieferte er in den fast 60 Betriebsjahren. Heute ist ein bis zu 57 Meter tiefes Gewässer entstanden. Erst nach sieben Jahren konnte 2006 der erwünschte Wasserstand erreicht werden. Das Wasser kam über eine dafür angelegte Ringleitung aus dem aktiven Tagebau Profen, wo die Sümpfungspumpen Wasser hoben, um trocken an die Kohle zu gelangen. Die kleine verbliebene Getzelauer Insel, die unter Naturschutz steht, macht den Markkleeberger See unverwechselbar. Inzwischen gibt es rund um den See ein Wegenetz von 24 Kilometern. Das Südufer des Sees zählt zu den reizvollsten Teilen der Bergbaufolgelandschaften bei Markkleeberg. Die inzwischen bewachsenen vormaligen Tagebaukippen wirken in der flachen Landschaft wie natürliche Hügelketten. Wald wechselt sich mit Offenlandflächen ab. Dazwischen sind Wiesen und versteckte Weiher zu finden.

Von 1999 bis zum Sommer 2006 dauerte die Schaffung des nördlichen Gewässerkörpers im Tagebau Espenhain an. Der entstandene See hat heute eine Größe von 252 Hektar und ein Volumen von 65 Millionen Kubikmeter.

Die Markkleeberger Promenade – Wohnen und leben am See

Eine Seepromenade zum Flanieren und Seevillen zum Wohnen

Mit der Seepromenade am Markkleeberger See im Süden des NEU-Seenlandes ist ein weiterer Hingucker dazugekommen. Neben einer stadtnahen Badestelle gibt es nun Wohnbebauungen und Einkehrmöglichkeiten in unmittelbarer Ufernähe. Auf einer Länge von 415 Metern wurde 2009 die Seepromenade im Abstand von etwa zehn Metern zum Ufer des Kunstsees geschaffen. Sie hat einen drei Meter breiten Asphalt- und einen gleichgroßen Pflasterstreifen. Weitere vier Meter des damit insgesamt zehn Meter breiten Uferwegs wurden für künftige Cafés, Restaurants, Galerien und Werkstätten, für Freisitze und Außenpräsentationen vorgehalten. Ein Strandcafé sowie das Weinrestaurant »Weinbeiserei« haben schon einige Zeit geöffnet und locken seitdem Besucher. So bequem wie die Seepromenade ist fast kein anderer Ort im NEU-Seenland erreichbar. Nur 500 Meter Fußweg trennen die Uferstraße von der nächsten Straßenbahnhaltestelle. Im Böschungsbereich zwischen der Seepromenade und der Auenhainer Straße wächst ein attraktiver Standort für das Wohnen in zweiter und dritter Reihe dicht am Wasser und für tourismusgewerbliche Nutzungen in direkter Ufernähe. Hier können künftig weitere private Ideen und Initiativen greifen, um diesen Bereich ganzjährig interessant und abwechslungsreich zu machen. So könnten Gäste hier schon jetzt nicht nur flanieren, sondern auch dinieren, schauen, wohnen, kaufen sowie Sport treiben. Der 2011 eingeweihte Erlebnisrastplatz und Spielplatz im Anschluss an einen feinsandigen Strandabschnitt spricht insbesondere Familien mit Kindern an. Neben dem Strandbereich gibt es einen Bootssteg mit 20 Liegeplätzen. 2014 nahm ein Bootsverleih dort seine Arbeit auf. Ab dieser Steganlage an der Promenade startet auch das Ausflugsschiff MS WACHAU zu einfachen Stundenfahrten bis zur Auenhainer Bucht oder zu zweieinhalbstündigen Rundfahrten, die eine Schleusung und Kanaldurchfahrt beinhalten. Auch die Wohnbebauung an der Promenade hat bereits sichtbare Formen angenommen. 16 Gebäude in ganz unterschiedlichen Stilen sind bereits entstanden.

Von der gegenüberliegenden Crostewitzer Höhe hat man einen guten Ausblick auf die Seepromenade am Markkleeberger See. Noch ist die Entwicklung nicht abgeschlossen.

Der Seepark Auenhain

Mit Strand, Urlaubsangeboten und naher Wildwasseranlage

Der Seepark Auenhain erstreckt sich erst seit wenigen Jahren auf rund fünf Hektar oberhalb des Markkleeberger Sees. Hier sind im Juni 2008 durch einen privaten Investor mehr als 40 komfortabel eingerichtete Ferienhäuser und Appartements in Betrieb gegangen. Der Park lockt neben seiner Nähe zum See und zu Leipzig mit Kinderangeboten, mit einem Restaurant mit Terrasse und Seeblick sowie kostenfreien Stellplätzen für die Pkw-Anreise. Bekannt wurde der Seepark durch eine sehenswerte filmische Dokumentation des Mitteldeutschen Rundfunks über das Entstehen, die Mitarbeiter und die Ausgestaltung des Resorts vor der Ankunft der ersten Gäste. Die privaten Investoren der Anlage kommen aus der Region. Die Betreibergesellschaft ist eine hundertprozentige Tochterfirma der Landwirtschafts AG Wachau-Störmthal aus dem Markkleeberger Ortsteil Wachau. Seit 2007 entstanden auf einer vormaligen Landwirtschaftsfläche die ganzjährig nutzbaren Ferienhäuser für vier bis zwölf Personen. Die Häuser verfügen, je nach Ausstattung, über Bäder mit Saunalandschaft sowie einen großzügigen Wohnbereich mit Kamin. Die Anlage ist 365 Tage im Jahr geöffnet. Neben dem Strandbad Markkleeberg-Ost und dem Wachauer Strand gibt es seit Juli 2009 den offiziell eingeweihten Auenhainer Strand. Unmittelbar neben dem Kanupark bildet der für rund 400 000 Euro errichtete Sandstrand mit Rasenflächen, einer Beach-Volleyballanlage und einem Grillplatz eine gute Ergänzung für Wassersportler und Erholungssuchende.

Der Seepark Auenhain mit seinem zentralen vorgelagerten Parkplatz bietet neben den 40 komfortabel eingerichteten Ferienhäusern auch zwölf Appartements sowie acht Caravan-Stellplätze an und hat einen nahen Strand.

Der Kanupark – Rafting am See

Wo Olympia- und Freizeitsportler trainieren

Der unterhalb des Seeparks direkt am Markkleeberger See gelegene Kanupark ist die zweite in Deutschland angelegte Wildwasseranlage. Sie entstand ursprünglich im Zuge der langfristigen Olympiabewerbung der Stadt Leipzig für das Jahr 2012 und wurde nach deren Erfolglosigkeit dennoch ab 2005 in der gewachsenen Nordböschung weiter errichtet. Seit 2007 wird auf der Anlage im Kanuslalom trainiert. Seitdem werden kommerziell auch Schlauchbootfahrten für Interessierte zum Rafting angeboten. Zwei Strecken von 130 und 270 Meter Länge über unterschiedliche Neigungen erzeugen Wildwassergefühle. In beiden Kanälen sind das Wasservolumen und damit die Fließgeschwindigkeit unterschiedlich einstellbar. Dies garantieren sechs leistungsstarke Pumpen. Sie sind Voraussetzung für den Trainings- und Wettkampfbetrieb in verschiedenen Alters- und Sportlergruppen sowie für das Betreiben als Freizeitanlage. Zwischen Start- und Zielbereich gibt es entlastende Bootsförderbänder. Gäste können vom Restaurant den Trainings- und Wettkampfbetrieb verfolgen. So eignet sich die Anlage auch für Firmen-Incentives und Gruppenveranstaltungen. Ab dem Kanupark starten auch die beliebten Drachenbootrennen. 2014 wurden je zwei zusätzliche Wellenbrecher und Buhnen gebaut, um die Strandbereiche bei Auenhain vor der Erosion besser zu schützen und einen Uferabtrag in Richtung Kanupark zu unterbinden.

Stets ein Anziehungsmagnet: Die Wildwasseranlage am Markkleeberger See. Auf zwei anspruchsvollen Strecken kann der Wasserparcours befahren werden.

Der Störmthaler Kanal – Verbundene Seen

Erste Seenhochzeit mit Kanal- und Schleusenbau geglückt

Im Tagebau Espenhain sind zwei Bergbaufolgeseen entstanden. Interessant für den Schiffsverkehr ist die neue Kanalverbindung zwischen Markkleeberger und Störmthaler See. Der Störmthaler Kanal mit der Kanuparkschleuse gleicht die differierenden Wasserpegelhöhen in den beiden Bergbaufolgeseen zwischen Markkleeberg und Espenhain um vier Meter aus. Dies ist der höchste Wasserspiegelunterschied, der im NEUSeenland überwunden werden muss. Der 850 Meter lange Kanal ist der erste schiffbare Überleiter, der von den Bergbausanierern im Leipziger Neuseenland gebaut wurde. Am Ober- und Unterhaupt der Schleuse befindet sich je ein Vorhafen mit Befestigungsmöglichkeiten. Ganz in der Nähe gibt es auch eine Slipstelle, um das Motorschiff auf dem Markkleeberger See zu notwendigen Revisionen seitlich an Land holen bzw. wieder einlassen zu können. Für Wasserwanderer, die nicht schleusen wollen, wurden an der Schleuse Anlegestege und Ausstiegmöglichkeiten zum Umtragen ihrer Kanus und Paddelboote vorgehalten. Die Schleuse kann von Wasserfahrzeugen bis zehn Meter Länge und 120 Zentimeter Tiefgang genutzt werden. Sie öffnete insbesondere der kommerziell auf dem Markkleeberger See bereits verkehrenden MS WACHAU neue Touren-Möglichkeiten. Dennoch ist das Passieren der Schleuse kein Kinderspiel für den Kapitän. Links und rechts bleiben nur wenige Fingerbreit Luft bei der Passage des Schiffes. Die modernen Strahlruder ermöglichen es dem Schiffsführer, in die Schleuse passgenau einzufahren. Die beiden Bergbaufolgeseen haben ihre Herkunft im Tagebau Espenhain, der zum Braunkohlenwerk Borna gehörte. Im BKW Borna waren Ende der 1980er Jahre die sechs Tagebaue Witznitz, Bockwitz, Borna, Espenhain, Zwenkau und Cospuden zusammengefasst. Sie belieferten die Brikettfabriken in Borna, Großzössen, Lobstädt, Thräna und Witznitz. Zu Energie und Dampf wurde im BKW die Kohle in Borna, Großzössen und Witznitz umgewandelt. Im Tagebau Espenhain arbeitete die bis 1972 größte Förderbrücke der Welt. Sie musste dem Störmthaler See weichen. Im Mai 1997 wurde sie mit 75 Kilogramm Sprengstoff zu Fall gebracht.

Seit 2013 können der Störmthaler Kanal und die Kanupark-Schleuse genutzt werden. Die seit 2012 auf dem Markkleeberger See verkehrende MS WACHAU mit bis zu 120 Plätzen – hier gerade im Bereich des Störmthaler Sees, im Bild rechts, unterwegs – passt hindurch.

Der Bau der BAB 38 – Die Piste auf Kippe

Die sehenswerte Südquerung des Leipziger Neuseenlandes

Wer von Dresden in das Leipziger Neuseenland will, muss sich auf der Bundesautobahn 14 am Autobahndreieck Parthenaue bei Naunhof entscheiden, ob er ein Gewässer im Nordraum ansteuert oder den Abzweig in den Südraum auf die BAB 38 wählt. Diese Wahlmöglichkeit besteht noch nicht sehr lange, erst seit 2009. Zuvor wurde meist der Weg durch die Innenstadt von Leipzig empfohlen, um beispielsweise nach Borna oder Zwenkau zu kommen. Die heutige Südquerung erschließt den gesamten südlichen Bereich des Leipziger Neuseenlandes. Die BAB 38 ist aus heutiger Sicht noch ein relativ moderner Neubau, der 2003 mit einem Kostenumfang von rund 1000 Millionen Euro im Rahmen des Bundesverkehrsprojekts Deutsche Einheit Nr. 13 begonnen wurde. Sie ist insgesamt rund 219 Kilometer lang und wird auch als Südharzautobahn bezeichnet, da sie bis nach Göttingen am Harz vorbei geht. Sie führt auch etwa zehn Kilometer südlich an Leipzig vorbei und quert damit den gesamten bergbaulichen Südraum. Dazu kreuzt sie am westlichen Rande die BAB 9 von Berlin nach München. Sie gilt damit als Teil der sogenannten Mitteldeutschen Schleife. Bei Leipzig hat die Strecke eine Besonderheit: Sie wurde komplett auf gekipptem Boden über zwei ehemalige Braunkohle-Tagebaugebiete geführt. Dazu waren im Vorfeld der Betonarbeiten besondere Verdichtungsmaßnahmen notwendig, die bereits mehrfach in der Braunkohlesanierung erprobt worden waren. Auch die vorherige Aufschüttung des Dammes, auf dem die BAB 38 in diesem Abschnitt verläuft, war bereits ab September 1996 mit Absetzern begonnen worden und lief über mehrere Jahre.

Der Neubau der Bundesautobahn 38 auf der Kippe schreitet voran: Im Vordergrund sieht man die Baustelle des entstehenden Bergbau-Technik-Parks. Das Foto entstand 2005.

Die Südraumautobahn leistet für die Wirtschaftsansiedlung und touristische Erschließung einen wichtigen Beitrag. Nicht nur die Bergbaufolgeseen, auch andere Attraktionen sind besser zu erreichen.

Die BAB 38 – Der Neubau im Südraum

Die sehenswerte Südquerung des NEU-Seenlandes

Der Bau des Südraumabschnittes der BAB 38 wurde im Auftrag des Autobahnamtes Sachsen in zwei gesonderte Brückenbauvorhaben über das Pleiße- und das Elstertal und in weitere drei etwas unkompliziertere Bauabschnitte gegliedert. Zwischen den Abschnitten von der Anschlussstelle Leipzig-Südwest bis zur Anschlussstelle Leipzig-Süd wurden ab 2004 auf etwa. 9,5 Kilometern eine vierspurige 29,5 Meter breite Autobahn, u.a. mit einer 70-Meter-Brücke über dem Floßgraben, für 165 Millionen Euro errichtet – inklusive eines mehr als drei Kilometer langen Teilstücks der B2-Anbindung und mit einer 88-Meter-Stabbogenbrücke. Zwischen der Anschlussstelle Süd und Großpösna folgte bis 2006 für 56 Millionen Euro ein weiteres sieben Kilometer langes Teilstück. Von Großpösna bis zum Autobahndreieck Parthenaue waren noch einmal 7,7 Kilometer für 56 Millionen. Euro zu errichten. Auch der Vergnügungspark BELANTIS erhielt mit dem Bau eine eigene Abfahrt mit der Bezeichnung Leipzig-Neue Harth. Die Neue Harth ist eine aufgeforstete Ersatzfläche für den durch die Tagebaue in Anspruch genommenen Leipziger Stadtwald Harth. Seit Dezember 2009 ist die BAB 38 auf der gesamten Länge vollständig befahrbar. Nicht nur die Bergbaufolgeseen, auch die Kommunen mit ihren Angeboten und inzwischen erfolgten Privatinvestitionen sind deutlich besser für den automobilen Gast zu erreichen.

Der Technik-Park – Vom Abstellen zum Museum

Wo die Technik des Kohleabbaus erklärt wird und zum Anfassen ist

Der Bergbau-Technik-Park nahe dem Nordwest-Ausläufer des Störmthaler Sees ist bereits von weitem auch von der BAB 38 sichtbar. Dort recken sich seit 2006 ein 1300 Tonnen schwerer Schaufelradbagger und ein 2400 Tonnen wiegender Bandabsetzer dem Besucher entgegen. Die Ideen für diese Freilicht-Ausstellung gehen auf das Jahr 2002 zurück. Dieser auf verdichteter Kippe entstandene Park soll einen authentischen Eindruck von der Arbeitswelt der Braunkohlen-Bergleute in den acht großen Tagebauen im Südraum vermitteln. Um die anstehende Verschrottung der heute ausgestellten Großgeräte zu verhindern, gab es eine Initiative von Bergbauinteressierten. Sie konstituierten sich im Februar 2002 als Verein, der sich zunächst an die Geschäftsführung der LMBV hinsichtlich des Erhalts von Großgeräten wandte. 2003 sagten sowohl der damalige LMBV-Chef sowie ein Bergbaudirektor der MIBRAG ihre Unterstützung zu. In der Folgezeit wurden Konzeptionen aufgelegt und Fördermittel akquiriert. Auf dem mehr als fünf Hektar großen Gelände sind seit dem Saisonstart 2012 die beiden eindrucksvollen Großgeräte aus den 1980er Baujahren die Kernelemente der Ausstellung. Darüber hinaus sind Schienentechnik – darunter eine Elektrolok – und verschiedene Kohle- und Abraumwagen sowie Entwässerungsgeräte zu besichtigen. Der originale Kommando-Führerstand der gesprengten und anschließend zurückgebauten Abraumförderbrücke Zwenkau und ein erhaltenes bewegliches Transformatorhaus aus dem Tagebau Espenhain komplettieren die Sammlung der Technik-Zeitzeugen. Der Park präsentiert authentisch und nachvollziehbar den kompletten Förderzyklus eines Tagebaus. Mit 22 Tafeln auf dem sich von allein erschließenden Rundweg wird viel Wissenswertes aus der Geschichte des mitteldeutschen Bergbaus auf Braunkohle erläutert. Sie helfen so, die Industriegeschichte der Region wachzuhalten. Das Besondere: Der im Park stationierte Bagger 1547 gehört nach wie vor einem aktiven Bergbauunternehmen. Er wurde im März 2010 dem Verein leihweise überlassen und könnte bei Bedarf wieder ertüchtigt und zum Einsatz geführt werden.

Im Vordergrund der Bandabsetzer 1115, der 1985 für den Tagebau Profen zusammengebaut wurde. Seine Typenbezeichnung A2Rs-3 10000-100 weist auf ein theoretisches Abfördervolumen von bis zu 10 000 Kubikmeter hin. Im Hintergrund der Störmthaler See mit dem schwimmenden Kunstobjekt VINETA.

Der Störmthaler See – Der künftige Urlaubersee

Wo der Indie-Rock-Fan auf Bootsfahrer und Hochzeiter treffen kann

Auch der Störmthaler See ist ein Produkt des Braunkohlen- und Sanierungsbergbaus. Der Tagebau Espenhain schuf seine Grundfigur, die aus der Luft einem Seepferdchen gleicht. Der Tagebau befand sich am Nordostrand des Weiße-Elster-Beckens. Im Westfeld wurden Flöze des Bornaer Hauptflözes und des Böhlener Oberflözes von zehn Metern, im Ostfeld von vier bis elf Metern abgebaut. Im Restloch des südöstlichen Abbaufeldes des Tagebaus entstand von 2001 an bis Ende 2012 der Störmthaler See, der heute von der Gemeinde Großpösna touristisch entwickelt wird. Auf 733 Hektar erstreckt sich ein abwechslungsreiches künstliches Gewässer. Ein Hohlraum von 157 Millionen Kubikmeter wurde mit Sümpfungswasser aus den aktiven südlichen Tagebauen über eine Ringleitung befüllt. Der Trenndamm zum Markkleeberger See war bereits mit Bergbaugroßgeräten in den 1990er Jahren im Zuge der langzeitsicheren Böschungsgestaltung geschüttet worden. Heute kann der Damm über einen Verbindungsweg mit Hubbrücke oder auf dem Wasserweg über eine Schleuse passiert werden. 2014 kam in der südlich davon gelegenen Grunaer Bucht mit dem seit 2012 vorbereiteten künftigen Ferienresort LAGOVIDA ein weiterer Anziehungspunkt hinzu. Mit dem in privater Hand befindlichen Barockschloss in Güldengossa, dem Waldgebiet Oberholz, dem Dorf Dreiskau-Muckern, einem 15-Tafel-Geolehrpfad und dem 15 Meter hohen schwimmenden Bauwerk VINETA gibt es Vielgestaltiges am bzw. auf dem See zu entdecken. Seit 2010 findet an den südlichen Ufern jährlich im August das Highfield-Festival im Bereich der ehemaligen Tagesanlagen auf der Halbinsel Magdeborn statt. Es hatte um 1998 am Stausee Hohenfelden südlich von Erfurt seinen Ursprung. Seit 2010 ist der neue Veranstaltungsort des Festivals der Störmthaler See bei Großpösna. Das Festival hat sich in den letzten Jahren als wichtigstes Indie-Rock-Festival in den neuen Bundesländern etabliert. Seit der ersten Austragung stiegen die Besucherzahlen kontinuierlich von 10 000 auf fast 25 000 an und es ist seit 2008 stets ausverkauft.

Der Pegel des Störmthaler Sees liegt etwa vier Meter höher als der seines nördlichen Nachbarn. Die Kunstinstallation VINETA auf einer schwimmenden Pontoninsel erinnert an die devastierte Kirche des überbaggerten Magdeborn.

Kunstobjekt VINETA – Schwimmende Erinnerung

Nur mit Fähre erreichbares exklusives Trauzimmer auf Schwimm-Pontons

Die Idee für die VINETA wurde im Jahr 1998 von Künstlern des Bundes Bildender Künstler Leipzig geboren und im selben Jahr vom Großpösnaer Gemeinderat als Projekt für den Störmthaler See bestätigt. VINETA sollte in Form einer künstlerischen Nachbildung der Turmspitze der ehemaligen Magdeborner Kirche als Mahnmal an die durch den ehemaligen Espenhainer Tagebau abgebaggerten Siedlungen erinnern. Die künstlerische Gestaltung des Innenraumes nahm diese Symbolik auf. Auf den schwimmenden Boden wurden zusätzlich Stahlplatten aufgebracht, die auf die Standorte der abgebaggerten Orte hinweisen. Außerdem sollten noch erhaltene Elemente der ehemaligen Kirche von Cröbern in die Gestaltung des Innenraumes eingebunden werden. Um das Objekt schwimmend zu gestalten, musste ein Unterwasserkörper beschafft oder gebaut werden. Die Ausführung, besonders der Anker, sollte bereits vor der Flutung abgeschlossen sein, so die ursprüngliche Idee der Bildhauerin Ute Hartwig-Schulz. Die Ankerfundamente konnten so mit Unterstützung der LMBV bereits 2002 in den damals noch trockenen Grund des Störmthaler Sees eingebaut werden. Der symbolische Spatenstich für das Projekt wurde im September 2007 vollzogen. Die LMBV als Seeeigner und Seenmacher fungierte bei der Umsetzung des Vorhabens als Projektträgerin. Ende November 2010 konnte das Objekt auf dem See eingeschwommen und verankert werden. Seitdem ist die VINETA nur noch über das Wasser zu erreichen. Die Kulturinsel VINETA erinnert seitdem gleichzeitig an die vom Bergbau überbaggerten Ortschaften und dient als Veranstaltungsort, u.a. für Trauungen.

Die VINETA bietet die Möglichkeit zu standesamtlichen Trauungen mit bis zu 40 Gästen. Dazu wird die Hochzeitsgesellschaft mit einer Fähre vom Steg unterhalb des Dispatcherturms abgeholt.

Das Ferienresort LAGOVIDA im Entstehen

Ein Ankerprojekt nimmt Gestalt an und lockt seit 2014 Urlauber

Ende Juni 2014 öffnete das Ferienresort LAGOVIDA am Störmthaler See, einem Bergbaufolgesee der LMBV, seine Pforten. Damit ist das Leipziger Neuseenland um eine Attraktion reicher geworden. Die Bauarbeiten an der Grunaer Bucht wurden 2014 abgeschlossen. Bereits im Sommer trafen die ersten Urlaubsgäste ein. In der weitläufigen Anlage mit mehr als 250 Betten in komfortablen Dünenhäusern und -appartements können sie entspannen und relaxen. Alle Unterkünfte haben einen Blick auf das Wasser. Neben einem Wohnmobilhafen mit 90 Stellplätzen sind ein separater Surfstrand mit Badebereich und landseitige Aktivangebote entstanden, u.a. ein Abenteuerwald. Der Startschuss für das neue Ferienresort am Störmthaler See fiel Ende April 2013. Mit der feierlichen Grundsteinlegung nahm das insgesamt 18 Hektar große Areal erste konkrete Züge an. Unter dem Namen LAGOVIDA bietet die Anlage ganzjährig eine spannende Mischung aus Freizeitangeboten und hochwertigem Ambiente. Insgesamt 13,5 Millionen Euro hat die Ferienresort Störmthaler See GmbH & Co KG, die das Areal errichtet hat und auch betreibt, investiert. Der Freistaat Sachsen hat das Projekt entsprechend mit rund 4,5 Millionen Euro gefördert. Der Segelhafen bietet bis zu 150 Wasser- und 50 Landliegeplätze, die den Besuchern einen kurzen Weg zum Wassersportvergnügen garantieren. Die naheliegenden Hafenhäuser verfügen über eigene Bootsliegeplätze. Rund um den Hafenplatz befinden sich alle Dienstleistungseinrichtungen wie die Rezeption; verschiedene Gastronomie-Angebote sowie Veranstaltungsflächen runden das Ensemble ab.

In der Grunaer Bucht entstand ein Ankerprojekt für den Seenlandtourismus: Nach der Grundsteinlegung im April 2013 feierte »LAGOVIDA Das Ferienresort am Störmthaler See« im Sommer 2014 seine Eröffnung.

Der Industriepark Espenhain – Der Neuanfang

Vom dreckigsten Kohlenwerk zum modernen Industriepark

Der heutige Mitteldeutsche Industriepark Espenhain im Leipziger Südraum ist mit seiner etwa 120-jährigen Bergbau- und Industrietradition wieder ein Wirtschaftsschwerpunkt der Region. Er hat eine interessante Geschichte. Die Verarbeitungsanlagen samt Kraftwerk nahmen eine Fläche von über 50 Hektar ein. Die Gemeinde Espenhain teilt sich in einen alten Ortskern und das Neubaugebiet, das Anfang der 1960er Jahre für die Beschäftigten des Werkes Espenhain als Wohnstätte entstand. Espenhain erreichte aufgrund der Braunkohleverarbeitung als einer der dreckigsten Orte traurige Berühmtheit. Um bei der Kraftstofferzeugung von ausländischem Erdöl unabhängig zu sein, war in Deutschland die Treibstoffherstellung auf Braunkohlenbasis vorangetrieben worden. Im Zusammenhang mit diesen Autarkiebestrebungen entstanden zwischen 1935 und 1942 die Braunkohlenverarbeitungswerke in Böhlen und Espenhain. 1940 wurde dafür die erste Kohle angeliefert. Durch die Kombination von Kraftwerk, Brikettfabrik, Schwelerei und weiteren Anlagen zur Aufarbeitung der Schwelprodukte sowie der damit verbundenen Kraft-Wärme-Kopplung arbeitete der Industriekomplex Espenhain mit einer zu jener Zeit in Europa einmaligen Spitzentechnologie. In den 1960er Jahren sind diese Anlagen im Zusammenhang mit der Wirtschaftsorientierung auf die Petrolchemie vielfach auf Verschleiß gefahren worden. Als Anfang der 70er Jahre die Karbochemie wieder an Bedeutung gewann, wurde die Produktion in den verschlissenen Anlagen wieder angekurbelt und maximiert. Dadurch und durch nicht ausreichende Investitionen im Bereich des Umweltschutzes stiegen die Schadstoffemissionen sehr stark an. Die extreme Luft- und Wasserverschmutzung durch die Espenhainer Werke führten bereits in den 1980er Jahren zu Protesten der Anrainer und zu Forderungen nach Stilllegung der Karbochemie. Die Menschen wurden aufgefordert, eine Mark zu spenden, um Espenhain wenigstens symbolisch zu sanieren. Nach 1990 wurde die Produktion eingestellt und die Anlagen rückgebaut.

Das Braunkohlenveredlungswerk Espenhain hat insgesamt 217 Millionen Tonnen Brikett und 97 Millionen Tonnen Koks produziert. Die LMBV hat den Standort saniert und für neue Nutzungen vorbereitet.

Die Schaltwarte – Wo Pressen Münzen prägen

Altes Kraftwerksgebäude hat neue Nutzung erhalten

Anfang Februar 1990 fasste der Ministerrat der DDR einen Beschluss zur Stillsetzung der gesamten karbochemischen Anlagen bis 1991. Zuvor war der letzte Schwelofen in Espenhain bereits Ende August 1990 abgefahren worden. Von den vormals rund 6000 Beschäftigten arbeiteten noch etwa 2000 rund fünf Jahre in der zur Kohletrocknungsanlage umfunktionierten Brikettfabrik I und in den beiden Kraftwerken, ehe Ende Juni 1996 das Kraftwerk II als letzte Espenhainer Produktionsanlage außer Betrieb ging. Die Betriebsgebäude wurden bis auf die Schaltwarte des Kraftwerkes gesprengt und abgetragen. Die Schaltwarte war bis November 2006 noch als Knotenpunkt im mitteldeutschen 110-kV-Netz aktiv. Seit 2011 logiert dort das Espenhainer Auftrags- und Logistikzentrum der Firma Geiger Edelmetalle GmbH. 50 neue Arbeitsplätze entstanden damit in der Schaltwarte Espenhain, informierte der Geschäftsführer der Geiger Edelmetalle GmbH Adalbert Geiger. In der Folge ging es um den Einbau von Prägepressen der Geiger Gruppe in dem von der LMBV auf der Fläche des Gewerbe- und Industrieparks Espenhain verkauften Gebäudes. Seit 2006 ist die Geiger Gruppe, die mit Edelmetallen handelt, schon im nahe gelegenen Güldengossa ansässig. Das Schloss dort war aber für die Geschäftstätigkeit des Unternehmens zu klein geworden. Der Hauptsitz des Handelsunternehmens soll dort aber weiter verbleiben. Der Edelmetallfachmann A. Geiger ist in Personalunion auch Geschäftsführer der Sachsenerz Bergwerks GmbH, die den Aufschluss von Bergwerken zur Förderung von Nickel, Kobalt und Silbererz plant und an drei Stellen im Erzgebirge Erkundungserlaubnisse erwirkt hat. Das zu gewinnende Erz könnte einmal in Espenhain aufbereitet und weiterverarbeitet werden. Dazu bietet die 30 000 Quadratmeter große Halle genügend Erweiterungsmöglichkeiten. Geiger hat bereits Aufträge an heimische Unternehmer in Höhe von 3,5 Millionen. Euro vergeben, um das Gebäude der Schaltwarte schrittweise auszubauen. Im nächsten Schritt wurden noch 200 Außenfenster eingesetzt und die Außenfassade instand gesetzt.

Mitten in Seenland: Die Schaltwarte des vormaligen Kraftwerkes Espenhain strahlt mit neuem Anstrich. Der ursprünglich schon zum Abriss vorgesehene Industriebau habe »ein besonderes Flair«, so Eigner Adalbert Geiger, über seine Edelmetallschmiede.

Der Stausee Rötha – Das kleine Staugewässer

Der halbierte Brauchwasserspeicher und grünes Erholungsgebiet

Der Stausee Rötha entstand 1939 bis 1942 als Brauchwasserspeicher für den nahe gelegenen Industriestandort Böhlen. Sein Stauraum liegt heute bei 0,33 Millionen. Kubikmeter. 1966 erfolgte eine Halbierung der ursprünglichen Speicherfläche im Zuge der Trockenlegung seines Südteils durch die Tagebauentwicklung des Tagebaus Witznitz II. Seit dieser Zeit bildet der ehemalige Werkbahndamm einer Kohlebahn den südlichen Abschluss des Stausees. Mit seiner idyllischen Lage in einem Landschaftsschutzgebiet ist er ein Kleinod. Der Stausee liegt unmittelbar östlich der bewaldeten Pleißeaue zwischen Gaulis und Rötha. Dieser Bereich gilt als einer der letzten verbliebenen naturnahen Zonen zwischen Markkleeberg und Regis-Breitingen. Das im Mittel nur rund zwei Meter tiefe Gewässer gilt als lokales Naherholungsgebiet, Angelgebiet und Trainingsstätte für Wassersportler. Die Möglichkeiten zum Herstellen eines lokalen Gewässerverbundes werden noch untersucht. Über die den 70 Hektar großen Stausee speisende Pleiße wäre künftig auch Leipzig per Boot sogar schon ab dem Hainer See zu erkunden. Die namensgebende Landstadt Rötha liegt etwa fünfzehn Kilometer südlich von Leipzig. Weithin sichtbar ist der Wasserturm, der seit 1913 das Wassernetz der Einwohner mit Druck speiste. Heute leben rund 3600 Menschen dort. 2012 beschloss der Stadtrat, die Kommune Böhlen einzugemeinden. Besitzer der Stadt war einst der Ritter von Pflugk. Dieser war so verschuldet, dass nach einer Selbstverwaltung durch die Bürger schließlich Carol von Friesen für 28 400 Gulden die Ortschaft 1592 erwarb. Am westlichen Stadtrand liegt ein ehemaliger Schlosspark an der Verbindungsstraße nach Böhlen. Der Hauptweg mündet direkt an der Landstraße und führt etwa 500 Meter bis zum Standort des ehemaligen Schlosses. Es war 1969 unter Protesten gesprengt und abgerissen worden, um Raum für den fortschreitenden Tagebau zu schaffen. Der Park soll in den kommenden Jahren teilweise wieder entstehen. Einer der Herren auf Schloss Rötha war Friedrich Freiherr von Friesen, der es 1847 bis zum Präsidenten der I. Kammer des Sächsischen Landtags schaffte.

Der Stausee Rötha ist mit seinem blau schimmernden Wasser fast komplett grün zugewachsen. Bei dem Staugewässer handelt es sich um ein künstliches Brauchwasserreservoir der Industrie aus der Zeit der Pleißeregulierung von 1938 bis 1940.

Der Speicher Witznitz – Der Geschichtsträchtige

Die naheliegende Brikettfabrik ist eine wichtige Landmarke

Als der 1911 eröffnete Tagebau Witznitz I im Jahr 1944 stillgelegt wurde, verblieb ein großes Restloch. Nach Einstellung der Wasserhaltung stieg dort ab 1945 das Wasser sieben Jahre auf. Ab 1954 konnte dann nach Fertigstellung des Dammes das Brauchwasser sowohl für das Kraftwerk als auch die Veredlungsanlagen genutzt werden. Bis 1993 wurden mehr als 256 Millionen Tonnen Kohle in den beiden Tagebauen Witznitz I und II gefördert, wobei noch einmal rund 205 Millionen Tonnen in den Folge-Flözen verblieben. Heute befinden sich auf dem Gelände des ehemaligen Tagebaus der Stadtteil Borna-Nord und das Speicherbecken Witznitz. Der Speicher Witznitz wurde 1954 als erste größere Stauanlage in einem Tagebaurestloch im Umfeld von Leipzig in Betrieb genommen. Der Speicher wurde bereits ab 1950 bis 1954 zu einem Brauchwasserreservoir und Hochwasserschutzraum im Einzugsbereich von Wyhra und Eula hergestellt. Dafür wurde ein rund fünfeinhalb Meter hoher und 845 Meter langer Damm errichtet, bevor das Grundwasser bis 1952 aufgehen konnte. Vorrangig lieferte das Gewässer aber bis 1989 Brauchwasser für die nahen Kraftwerke Espenhain und Thierbach sowie für die Industrieanlagen bei Böhlen-Lippendorf. Bei einem nutzbaren Betriebsraum von mehr als zwölf Millionen Kubikmetern und einem Stauraum von bis 21 Millionen Kubikmetern kann der ohne den zusätzlichen Stauraum rund 32 Millionen Kubikmetern umfassende und 210 Hektar große Wasserspeicher im Hochwasserfall um bis zu elf Meter ansteigen und so zur Gefahrenabwehr mit genutzt werden. 1995 bis 1997 wurde das Speicherbecken nach 40 Jahren Betrieb instandgesetzt. Heute speist der künstlich angestaute Speicher das Kraftwerk Lippendorf mit bis zu 25 Millionen Kubikmeter im Jahr. Neben der Kraftwerks-Wasserbereitstellung und der Wasserversorgung der Böhlener Chemieunternehmen dient das Speicherbecken Witznitz heute auch dem Wassersport und der gewerblichen Fischerei. Die für die Bewirtschaftung zuständige Staumeisterei Witznitz/Sermuth hat ihren Dienstsitz in Witznitz und unterhält neben dem Speicherbecken Witznitz das in Lobstädt sowie den Stausee Rötha.

In der Ortsflur Witznitz bei Borna wurden in den Jahren 1906 und 1907 erste Braunkohlefunde nachgewiesen. Heute erstreckt sich dort der Speicher Witznitz.

Der Kahnsdorfer See – Der saure Natursee

Der Kleinste im Dreierseenbund bei Witznitz

Der Kahnsdorfer See nordwestlich von Borna ist mit seinen 125 Hektar nicht besonders groß. Er ist heute durch einen 46 Meter hohen gekippten Damm vom Hainer See getrennt, der ab 1976 in 4 Jahren Arbeitszeit errichtet wurde. Seine Flutung mit Sümpfungswasser aus den aktiven Tagebauen um Schleenhain begann kurz vor der Jahrtausendwende und soll um 2015 abgeschlossen sein. Rund 22 Millionen Kubikmeter umfasst sein Hohlraum. Die gesamte Uferlinie des Kahnsdorfer Sees hat eine Länge von rund fünf Kilometern. Der künftige naturnahe Landschaftssee hat wegen des fast kompletten Einschlusses durch Kippen eine höhere Versauerungsdisposition als seine Nachbarn und noch lange keine Anbindung an die Vorflut. Über den Kippendamm von Rötha nach Kahnsdorf führt heute ein Radweg, der 2013 vorübergehend für Sanierungsarbeiten u.a. zur Durchörterung für einen Rahmendurchlass gesperrt wurde, damit künftig Überschusswasser in den Hainer Nachbarn abgeführt werden kann. Der mit einem pH-Wert von 2,7 im Jahr 2013 noch ziemlich saure See ist wegen seiner interessanten Sukzessionsflächen daher dem Naturschutz vorbehalten. Inzwischen gibt es dort Feucht-, Brut- und Rastbiotope sowie Libellen- und Heuschreckenstandorte. In privater Planung ist die Ansiedlung eines großen Reiterhofs unweit des Sees. Durch eine gezielte Vernetzung der Bergbaufolgelandschaft mit den umgebenden Landschaftsstrukturen wurde von Borna über den Speicher Witznitz und die Eula- und Wyhraaue eine regionale Landschaftsachse zur verbliebenen Auenlandschaft der Pleiße wiederhergestellt. Von Leipzig oder Chemnitz ist der Dreierbund bereits gut über die Abfahrt Rötha zu erreichen. Wenn die noch im Bau befindliche BAB 72 von Chemnitz kommend Borna umfährt, werden die drei Gewässer des Kahnsdorfer, Hainer und Haubitzer Sees noch schneller erreichbar und damit noch interessanter für die Großstädter.

Mit nur 125 bzw. 405 und 160 Hektar sind die drei nebeneinanderliegenden Bergbaufolgeseen in den Restlöchern Kahnsdorf, Hain und Haubitz eher mittelgroße Gewässer. Sie unterscheiden sich aber in vielen Aspekten.

Der Hain-Haubitzer See – Der Verbundene

Zwischen Investitionen und Bauplätzen am Wasser

Der Hainer Seenverbund ist bisher der Einzige im Südraum, der in private Hand gekommen ist. Das war ursprünglich nicht so gedacht. Wegen seiner gewachsenen Ufer im Süden war der Hainer See für Ansiedlungen und Bebauungen besser als die anderen künstlichen Seen geeignet. Dies sollte nach Erwerb durch eine Kreiswirtschaftsentwicklungsgesellschaft zu einem Entwicklungsschub führen. Diese kam mit eigenen Vermarktungsplänen jedoch nicht recht voran. Erst durch den Weiterverkauf 2005 an die Blauwasser GmbH kam bauliche Bewegung an die Ufer. Diese war eine Tochterfirma der Blauwald GmbH des Industriellen und Milliardärs Adolph Merckle. Er hatte zur Daseinsvorsorge seiner Kinder und Enkel verschiedene Gesellschaften zum Kauf von Schlössern, Wäldern und Seen gegründet. Die auch im Nordraum bereits den Gremminer See und auch die Goitzsche besitzende Tochterfirma Blauwasser hat den jungen See erworben und entwickelt diesen. Einige andere Seen sind noch in der Hand des Bergbausanierers, der diese schrittweise an den Freistaat Sachsen überführen wird. Der Hainer See ist das größte der drei Gewässer, aber für viele private Folgeinvestoren vor allem wegen des Baurechts am Wasser und seiner Nähe zu Leipzig interessant. Insbesondere die Lagune Kahnsdorf ist und wird mit drei Schiffanlegern, einem Café mit Strand, einem Hafen und Strandbad der Ausgangspunkt für eine weitere eigenständige Entwicklung sein. Dort wurde bereits eine Vielzahl von Wassergrundstücken bebaut, die die Blauwasser Seemanagement GmbH entwickelt hatte. 2011 entstand parallel durch die Kommune Neukieritzsch entlang des Ufers eine neue Erschließungsstraße mit Parkmöglichkeiten für die Lagune. Bis zu 50 sichtbare Bauplätze, Grundstücke mit Wasseranteil, sind durch die private Entwicklungsgesellschaft bisher ausgewiesen worden, von denen bis heute schon etwa zwei Drittel bebaut sind. Dazu gehören auch bereits fertige Ferienwohnungen, so in den Laguna Appartements und in privaten Bootshäusern, die seit 2013 vermarktet werden. Inzwischen gibt es eine östlich gelegene schiffbare Rinne zum Haubitzer Becken, die beide Seen verbindet und den Gewässerverbund zusammen mit der Lagune im Westen aus der Luft wie ein zu einem großen M verbogener Nagel aussehen lässt.

Rund 100 Millionen Kubikmeter Wasser wurden mobilisiert, ehe nach elf Jahren 2010 die Endwasserstände im Hainer und Haubitzer See erreicht wurden. Diese beiden waren während der Flutung noch durch einen windbrechenden Kippdamm getrennt.

Die Lagune Kahnsdorf – Mit Wasserblick

Wo Segelfreunde direkt am Ufer wohnen können

Wesentlicher Kern für Entwicklungen am Hainer See ist die Kahnsdorfer Bucht. Sie leitet ihren Namen von dem Dorf Kahnsdorf ab. Das heutige Kahnsdorf, südwestlich des Hainer Sees, ist aus den Dörfern Zöpen, Kahnsdorf und Pürsten entstanden und gehört heute zur Kommune Neukieritzsch. Auf dem 1686 errichteten Rittergut an diesem Ort traf auch der Schriftsteller und Dichter Friedrich Schiller mit seinem späteren Verleger Christian Gottfried Körner im Jahr 1785 zusammen. Heute erinnern die Schillerfeste in Kahnsdorf an dieses erste Zusammentreffen der beiden Literaturbegeisterten. 2009 kaufte ein Unternehmen das baufällige Haus und rekonstruierte es. Feriengäste frühstücken heute im historischen Restaurantambiente des Schillerhauses neben dem von 2009 bis 2014 aufwändig sanierten Rittergutgebäude und nehmen am dortigen Kulturleben teil. Im romantischen Ambiente des Schillercafés können auch Hochzeiten gefeiert werden. Neben Bootsverleih, Tauch- und Segelschulen wird es weitere Seeangebote und Ansiedlungen wie Personenschifffahrt-, Gleitschirmflug-, Surf- und Quadfahrmöglichkeiten geben. Noch fehlt ein Hafen und Gastronomie am Wasser. Mittelfristig soll der Hainer See an die Pleiße und die Wyhra angebunden werden. Eine Anbindung – im Entwurf Pleißekanal genannt – zum rund drei Kilometer entfernten nordwestlichen Stausee Rötha ist in der Diskussion. Am inzwischen schon bootstechnisch erreichbaren, aber noch gesperrten Haubitzer See gibt es neben Angelstellen einen Aussichtspunkt Haubitzer Klippe. Hinzu kommen ein Badestrand für Borna, der Schiffsanleger Nr. 5 und ein geplantes Jetskiareal. Die Historie der Lagune Kahnsdorf ist auch auf den Tagebau Witznitz II zurückzuführen. Dieser hatte sich aus den zwei kleinen Gruben Dora und Helena sowie dem 1922 aufgeschlossenen Folgetagebau Dora und Helena II entwickelt. Der Tagebau Witznitz II war, 1948 beginnend, um die Dörfer Großzössen und Kahnsdorf herumgeschwenkt. Die Tagesanlagen befanden sich in Kahnsdorf. Um 1961 erreichte der Tagebau die heutige Abgrenzung zwischen dem Kahnsdorfer und dem Hainer See, den Drehpunkt Kahnsdorf.

Oft im Blick hat der Seegast im Norden das Kraftwerk Lippendorf. Es wird aus dem Tagebau Vereinigtes Schleenhain beliefert, dessen Flächen westlich der Kahnsdorfer Flur beginnen.

Die Stadt Borna – Zwischen Zwiebel und Kohle

Wo die Wyhra fließt und Martin Luther predigte

Die Stadt Borna ist durch das Flüsschen Wyhra geprägt, das sich durch die Stadt schlängelt. Eine Wasserburg an der Flussaue soll im 9. Jahrhundert die Keimzelle der Stadt gewesen sein. Als heutige Kreisstadt des Landkreises Leipzig sind es nur 33 Kilometer bis zur Stadtmitte von Leipzig. Die Stadt Borna mit etwas mehr als 21 000 Einwohnern hat viele Sehenswürdigkeiten, die entdeckt sein wollen. Auch Spuren von Martin Luther aus der Reformationszeit sollen zu finden sein, da seine Frau Katharina von Bora aus der Gegend um Borna stammte. Ein Denkmal in Borna am Martin-Luther-Platz erinnert an seinen Besuch von 1522. Zu den Sehenswürdigkeiten gehört unbedingt das Reichstor aus dem Jahr 1723, das als eines von vier Stadttoren an der Stadtmauer noch als einziges erhalten und weithin bekannt ist. Das Pegauer, das Roßmarktsche und das Altenburger Tor wurden im Verlaufe der drei vergangenen Jahrhunderte geschliffen. Das ebenfalls gut erhaltene und sehenswerte Rathaus am Marktplatz wurde 1676 baulich fertig. Die heutige Stadt- und Touristeninformation in der Alten Wache neben dem Rathaus erinnert an die Zeit als Garnisonsstadt der sächsischen Kavallerie. Lange wurde die Entwicklung der Stadt von der Landwirtschaft dominiert. Der erfolgreiche Anbau von Zwiebeln durch die Bornaer hat zu dem Spitznamen »Zwibbel-Borne« geführt. Heute wird dies positiv aufgegriffen und mit einem Darsteller als Zwiebel-Maskottchen zu Veranstaltungen aufgenommen. Die Industrialisierung der Stadt bekam mit dem städtisch finanzierten Anschluss an die Sächsisch-Bayerische Eisenbahn im Januar 1867 einen enormen Schub. Damit konnten insbesondere die Ausrüstungen für die Braunkohlenwerke herantransportiert und Kohle und Briketts auf dem Schienenweg verladen werden. Zur Stadt gehören auch die 1912 errichtete Brikettfabrik in Witznitz und die in Neukirchen. Der Ort Witznitz war bereits 1940 eingemeindet worden. Das gleiche Schicksal hatte Neukirchen 1948 ereilt. Auch das Gut Bockwitz, das dem Kohlenabbau später weichen musste, war bereits 1854 in die Stadt integriert worden.

Bei Borna ist im Mai 2006 auf einer ehemaligen, bergbaulich genutzten Fläche ein Solarkraftwerk entstanden. Dort liefern 438 schwenkbare Kollektoren bis zu 3,4 Megawatt. So sind in engster räumlicher Nähe Braunkohle und Sonne Lieferanten für Strom. Im Hintergrund der Speicher Borna.

Das Restloch Bockwitz füllte sich von 1995 bis 2004 kontrolliert mit Grundwasser. Fast 19 Millionen Kubikmeter Wasser fanden in dem Bergbaufolgegewässer Platz. Der Ablauf wird über den Saubach zur Eula gewährleistet.

Der Bockwitzer See – Der Naturnahe

Wo der Mensch baden kann und die Natur Raum hat

Der Bockwitzer See erstreckt sich südwestlich an der B176. Er entstand aus dem Restloch des ehemaligen Tagebaus Borna-Ost, der noch bis 1992 betrieben wurde. Seit 1855 bis 1950 erfolgte der Braunkohlenabbau östlich von Borna sowohl im Tief- als auch im Tagebau auf einer Fläche von rund 70 Hektar. 1958 begannen Aufschlussarbeiten für den Tagebau Borna-Ost, so dass ab 1961 vor allem die naheliegende Brikettfabrik und das Kraftwerk Borna mit Braunkohle versorgt werden konnten. 264 Einwohner von Bockwitz und Borna-Ost mussten dafür in den 60er und 80er Jahren umsiedeln. 1984 begann die Förderung im Baufeld nördlich von Bockwitz. Rund 105 Millionen Tonnen Kohle konnten aus den zusammen fünf Baufeldern gebaggert werden, für die rund 1500 Hektar über fünf Drehpunkte der Abraumförderung in Anspruch genommen wurden. Ein verbliebenes Restkohlefeld hätte noch bis etwa 2000 ausgebeutet werden können, war jedoch unwirtschaftlich. Zum Zeitpunkt der Einstellung des Förderbetriebs im Bornaer Nachfolgetagebau Bockwitz 1992 waren bereits große Kippenareale für die Land- und Fortwirtschaft wieder nutzbar gemacht worden. Nach 1993 begann das Grundwasser aufzusteigen, nachdem die Liegendwasserhaltung eingestellt worden war. Die Bekalkung des inzwischen 168 Hektar großen Bockwitzer Sees hatte um 2004 bis 2007 eine Pionierfunktion. Hier wurde der Einsatz von Soda von der Bergbausaniererin in einem Pilotvorhaben getestet. Die Neutralisation war erfolgreich, bedarf jedoch noch einer zugesicherten Nachsorge. Die Ufer des Bockwitzer Sees sind rund acht Kilometer lang und werden durch einen steigungsreichen Weg umrundet. Bereits 1998 wurde ein Rahmenplan zum Naherholungsgebiet Bockwitzer See aufgestellt, der Natur und Mensch in Einklang bringen will. So ist im Norden ein Badestrand entstanden, während die Ökologische Station Borna-Birkenhain e.V. einen Lehrpfad, das Fürstenholz im Osten und die Sukzessionsflächen am See bzw. das im Süden gelegene Restloch Südkippe – 33 Hektar groß – und das 19 Hektar große verbliebene Loch der Hauptwasserhaltung betreut.

Der Bau der BAB 72 – Die Nord-Süd-Querung

Wie das Seenland für Chemnitzer schneller erreichbar wird

Über die Autobahnabfahrt Borna-Süd und die B95 ist Borna künftig auch an das Verkehrsnetz besser angeschlossen. Genau zwischen der Kommune Borna und dem Gebiet des Bockwitzer See wird ein Abschnitt der Neubautrasse der BAB 72 verlaufen. Die künftige BAB 72 soll Leipzig und Chemnitz mit einer Autobahntrasse verbinden. Die Fertigstellung der BAB 72 besitzt als Verkehrsprojekt im Freistaat Sachsen eine hohe politische Priorität. Seit 2004 wurde um die konkrete Trassenführung im Südraum gerungen. Erst 2014 wurde der letzte Abschnitt genehmigt. Insgesamt werden fünf Abschnitte gebaut. Der Regelquerschnitt der neuen Autobahnlinie beträgt 29,5 Meter. Der erste Abschnitt der A72 vom Autobahnkreuz Chemnitz bis Niederfrohna wurde 2006 fertiggestellt, der Zweite von Niederfrohna bis Rathendorf im Jahr 2011 und der dritte Abschnitt von Rathendorf bis Borna 2013. Die weiteren Abschnitte befinden sich noch im Bau bzw. in der Planung. Im Mittelabschnitt 3.2 auf der Höhe von Borna begann im März 2010 an der 315 Meter langen Großbrücke über dem Zedlitzer Grund der Bau. Die Verkehrsfreigabe dieses sechs Kilometer langen Teilstücks konnte im August 2013 erfolgen. Die im Jahr 2006 fertiggestellte vierstreifige Ortsumgehung Borna im Zuge der B95 wurde nach der Verkehrsfreigabe des Bauabschnittes 3.2 als Abschnitt 4 in die Autobahn A72 integriert. Für den Abschnitt 5.1 zwischen Borna-Nord, Espenhain und Rötha wurde 2008 der Vorentwurf genehmigt. Die Planfeststellung erfolgte im Juni 2012, so dass im Juli 2013 der Bau des 9,5 Kilometer langen Pistenstücks beginnen konnte. Die nächsten sieben Kilometer bis zum Anschluss an das Autobahnkreuz Leipzig-Süd müssen noch entstehen. Der Vorentwurf wurde 2009 genehmigt, der Planfeststellungsbeschluss im Februar 2014 gefasst. Im Abschnitt 5.2 sollen auch rund 15 Hektar des Röthaer Holzes dafür weichen. Das Röthaer Holz ist mit rund 100 Hektar die größte zusammenhängende Aufforstung im Südraum von Leipzig. Sie wurde ab 1998 mit dem Kauf von Flächen durch die gemeinnützige Stiftung Wald für Sachsen begründet.

Mit dem Neubau der insgesamt 62 Kilometer langen BAB 72, hier bei Neukirchen, wird neben der Erschließung des Südraumes von Leipzig insbesondere dessen Anbindung an die Regionen West- und Südsachsens geschaffen.

Der Speicher Borna – Die Pleiße-Adria

Wo die Naherholung schon lange Tradition hat

Bereits um 1799 gab es erste Abbauversuche von Braunkohle im Bereich des Breiten Teiches bei Borna. Größer als ein Teich ist heute der Speicher Borna, der zwischen Deutzen und Borna liegt. Der Ausbau dieses auch bergbaulich basierten Speichers im Pleiße-Gebiet war eine wichtige wasserwirtschaftliche Maßnahme für die Brauchwasserversorgung und für den Hochwasserschutz im Pleiße-Einzugsgebiet. Der Speicher ist oft nur zur Hälfte angestaut, da mehr als 46 Millionen. Kubikmeter als Hochwasserschutzraum zurückgehalten werden. Der Speicher dient auch der Niedrigwasseraufhöhung der Pleiße, außerdem der Erholung und der Fischerei. Mit den Vorbereitungen zu seinem Bau wurde bereits 1964 begonnen, 1967 gingen die Erdbewegungen los. Die Flutungsbereitschaft war dann 1977 gegeben. Die Dämme im nördlichen und östlichen Beckenbereich wurden aus Kippenmaterial der damals noch aktiven Tagebaue geschüttet. Sie wurden auf die 1:10 abgeflachten Böschungen des eingestellten Tagebaus Borna nicht verdichtet aufgesetzt. Nach den Talsperren Pöhl und Eibenstock konnte der Hohlraum 1979 als dritter sächsischer Neubau-Wasserspeicher in Betrieb genommen werden. Durch weitere Erschließungsmaßnahmen entstand attraktives Naherholungsgebiet, das im Volksmund den Beinamen Adria erhielt, für den wohl die von Flusssanden dominierten Badebereiche und die Wasserfarbe ausschlaggebend waren. Es gibt einen Strandabschnitt bei der Ortslage Borna als Bade- und Surfstrand sowie seit 2002 einen Deutzener Badeabschnitt mit Schwimmsteg am Mehrgenerationenpark. Seit 2010 erinnert am Weg zum Ufer ein schlichtes Metallkreuz des Heimatvereines an die ursprüngliche Kirche von Deutzen, den Ort, der um 1965 devastiert worden war. Mit seinem abwechslungsreichen Bewuchs, mit Röhricht- und Waldzonen konnten sich Flora und Fauna am Speicher entwickeln. Südlich des Kunstsees sind die Teiche bei Regis-Breitingen und die Kleine Adria sowie südwestlich der Haselbacher See zu lokalisieren. Nördlich des Speichers befinden sich der Lobstädter Lachen und der kleine Speicher Lobstädt sowie das große Speicherbecken Witznitz.

Einige Bereiche des Speichers sind 2010 mit einer Allgemeinverfügung durch das Sächsische Oberbergamt vorsorglich wieder gesperrt worden. Durch den Wiederanstieg des Grundwassers könnten in den gekippten Bereichen Gefahrenzonen entstehen.

Das Vereinigte Schleenhain – Kohlelieferer

Wo die Bergleute das schwarze Gold aus der Erde holen

Der im zentralen Teil des Weiße-Elster-Beckens südlich von Leipzig befindliche Tagebau Vereinigtes Schleenhain besteht aus den drei Abbaufeldern Peres, Schleenhain und Groitzscher Dreieck, welche bis 1990 als eigenständige Tagebaue fungierten. In der Zeit von 1953 an konnten schon 522 Millionen Tonnen des Bodenschatzes in den Schleenhainer Feldern gewonnen werden. 1949 hatte der Aufschluss dieses Tagebaus begonnen. 1965 musste bereits das namensgebende Dorf Schleenhain weichen. Im Tagebaubereich sind vier Flöze qualitativ hochwertiger Kohle mit Mächtigkeiten von zwei bis 30 Meter ausgebildet. Die im Tagebaubereich bis 1991 gewonnene Kohle wurde vor allem in den Veredlungsstandorten Deutzen und Regis-Breitingen verarbeitet. Mit Großgeräten werden heute aus den vier Flözen bis zu elf Millionen Tonnen Braunkohle pro Jahr gefördert, die zwischen 20 bis 35 Millionen Jahre alt ist. Nach erfolgter Modernisierung wurde der Tagebau 1999 wieder angefahren. Nach umfangreichen Modernisierungsarbeiten beliefert er seitdem vor allem das parallel errichtete Kraftwerk Lippendorf. Bis November 2005 hat die MIBRAG um die Genehmigung für die Abbaggerung des Ortes Heuersdorf im Süden von Leipzig gerungen, um dadurch den Tagebau Schleenhain weiter betreiben zu können. Dagegen wehrten sich die Einwohner von Heuersdorf letztendlich vergeblich. Im Tagebau Vereinigtes Schleenhain stehen fünf Schaufelradbagger und zwei Eimerkettenbagger sowie mobile Löffelbagger zur Verfügung, die sowohl im Abraumbetrieb als auch in der Kohleförderung eingesetzt werden können. Sie werden durch zwei Absetzer ergänzt. Der Tagebau hat sieben Gewinnungsschnitte und zwei Absetzerstrossen. Der Abtransport der Kohle erfolgt von Peres aus über eine Bandanlage direkt zum naheliegenden Kraftwerk Lippendorf. Moderne Braunkohlentagebaue sind durch den Einsatz leistungsfähiger Großgeräte geprägt. Die Schaufelrad- und Eimerkettenbagger graben sich in Abraum und Kohle und können in kürzester Zeit riesige Mengen gewinnen. Einige der Geräte wurden eigens für den Einsatz im Tagebau Peres gebaut und angepasst.

Nach den derzeitigen planungsrechtlichen Genehmigungen soll im Tagebau Vereinigtes Schleenhain der Abbau noch bis 2040 fortgesetzt werden.

Das Kraftwerk Lippendorf – Stromerzeuger

Wo aus Braunkohle effizient Energie und Dampf wird

Für das Kraftwerk Lippendorf wurde im November 1995 der Grundstein gelegt. Die Entscheidung zur Investition hing mit der Neuordnung der Energielandschaft in Mitteldeutschland zusammen. Für die unrentablen und veralteten Kraftwerke Thierbach und Alt-Lippendorf wurden zwei neue Blöcke auf einer Fläche von 40 Hektar konzipiert. In fünf Jahren entstand ein modernes Kraftwerk. Mit dem Einsatz des damals größten mobilen Krans konnten die Kesselhausgerüste errichtet, die Dampferzeuger installiert und schließlich zwei Blöcke mit je 933 MegaWatt aufgebaut werden. Bereits ab 1999 erfolgte die erste Netzschaltung. Seit Juni 2000 befindet sich das Kraftwerk im Dauerregelbetrieb. Mit rund 300 Mitarbeitern werden in den baugleichen Blöcken bis zu 1866 Megawatt Strom erzeugt. Mit der Fernwärme des Kraftwerkes wird mehr als die Hälfte der Kunden der Stadtwerke Leipzig versorgt. Die Baukosten lagen bei rund 4500 Millionen DM und stellten zu ihrer Zeit die größte private Investition in Sachsen dar. Zur Brennstoffzufuhr sind acht Nasskohle-Ventilatormühlen eingebaut. Mit einer Brennstoffmenge von 750 Tonnen pro Stunde erreicht der Dampfkessel eine Dampfmenge von bis zu 2400 Tonnen in der Stunde. Mit dieser können die Einwellen-Dampfturbinen angetrieben werden. Sie sind mit einem Dreiphasen-Synchron-Generator verbunden und erzeugen eine Spannung von 27 kV. Diese wird über zwei Maschinentransformatoren auf 380 kV hochgespannt. Das zuvor anfallende Rauchgas, das den Dampfkessel verlässt, führt pro Stunde bis zu 40 Tonnen Asche und 15 Tonnen Schwefel mit sich. In einer Rauchgasreinigung werden große Teile davon abgefiltert und dann in Silos zwischengelagert. Dazu wird in einer Rauchgaswäsche Kalkmilch eingesprüht. Dabei entsteht Calciumsulfat, das als Rohgips weiterverarbeitet werden kann. Jährlich fällt rund eine Millionen Tonne Gips an. Dieser wird unter anderem zum Einbau in den Tagebau Peres genutzt. Das gefilterte Rauchgas geht nicht mehr wie lange Jahrzehnte zuvor in anderen Anlagen in Schornsteine, sondern gelangt über den Kühlturm gereinigt in die Atmosphäre.

Wasserdampf steigt aus den beiden 175 hohen Kühltürmen des Kraftwerkes Lippendorf auf. Die Braunkohle aus dem Tagebau Vereinigtes Schleenhain wird hier mit hoher Effizienz in Dampf und Energie umgewandelt.

Der Haselbacher See – Der Viertel-Thüringische

Wie aus dem letzten Tagebau im Altenburger Land ein See wurde

Südlich des Tagebaus Vereinigtes Schleenhain ist ein weiterer Bergbaufolgesee zu finden. Der Haselbacher See ist der südlichste Ausläufer des Leipziger Neuseenlandes und liegt etwa zu einem Viertel im Freistaat Thüringen und zu drei Vierteln im Freistaat Sachsen. Der namensprägende ehemalige Tagebau Haselbach lag im südlichen Teil des Weiße-Elster-Beckens zwischen Altenburg, Ramsdorf und Regis-Breitingen und wurde ab 1955 aufgeschlossen. Von 1957 bis 1977 wurden 125 Millionen Tonnen Kohle gefördert und rund 360 Millionen Kubikmeter Abraum bewegt. 1977 musste infolge einer Kippenrutschung der Tagebau etwas vorplanmäßig angehalten und eingestellt werden. Mit der Außerbetriebnahme der Sümpfung konnte der Grundwasserwiederanstieg im Restloch Haselbach III beginnen, um gezielt eine neue »Badewanne« südlich von Borna Richtung Thüringen zu erhalten. Zwischen 1980 und 1993 wurde dazu das Restloch standsicher gestaltet. Ab September 1993 und 2002 entstand mit Sümpfungswasser des noch fördernden Tagebaus Schleenhain ein 334 Hektar großes neues Gewässer mit einem Volumen von 24 Millionen Kubikmetern, womit es fast identisch mit dem des Haubitzer Sees ist. Ab 2000 wurde immer wieder Stützungswasser zugeführt. Insgesamt wurden bisher mehr als 80 Millionen Kubikmeter Wasser eingeleitet, was noch mehrere Jahre bis zum Abschluss des Grundwasserwiederanstiegs im Umfeld notwendig sein wird. Inzwischen gibt es auf beiden Landesseiten je einen Badestrand. 2006 kam ein Bootssteg hinzu; es gibt aber auch naturnahe Röhricht-Abschnitte. Der See ist zwischen sieben und maximal 29 Meter tief und hat eine fast sieben Kilometer lange Uferlinie. Informativ ist der Gewässerlehrpfad. Nach über 100 Jahren Kohleabbau und Kohleveredelung um Haselbach haben heute die Naherholung und der Forst das Gebiet um den Haselbacher See wiedererobert. In der Diskussion ist eine Anbindung des Sees an die seit 1980 zwischen Regis-Breitingen und Meuselwitz nach Süden – mit zum Teil offenen Wagen verkehrende – touristische Kohlebahn, die an der Tonhalde Haselbach vorbei noch auf 900 Millimeter-Spur verläuft. Am Südufer des Sees lädt die Freiluftgaststätte »Zum Kreuzotter« ein.

Der Haselbacher See ist der südlichste Ausläufer des Leipziger Neuseenlandes. Der vormalige Tagebau Haselbach war der letzte im Altenburger Land, der aufgeschlossen worden war. Im Hintergrund sind der Tagebau Vereinigtes Schleenhain und das Kraftwerk Lippendorf zu sehen.

Der Tagebau Profen – Schwarzes Gold

Der künftige Domsener See – Blaues Auge

Nördlich von Zeitz befindet sich der Tagebau Profen. Er hat drei Abbaufelder. Das sind das Feld Profen Süd/D1 und die Felder Schwerzau sowie Domsen. Die geförderte Braunkohle ist 45 bis 20 Millionen Jahre alt. Neun bis zehn Millionen Tonnen Braunkohle per anno werden in diesem Tagebau in Sachsen-Anhalt gefördert. Dazu müssen zwischen 32 bis 35 Millionen Kubikmeter pro Jahr an Abraum bewegt werden. Parallel werden 45 bis 50 Millionen Kubikmeter pro Jahr Wasser gehoben, um an die Kohle zu gelangen. Das gehobene Wasser wird zur Flutung der Bergbaufolgeseen im Südraum genutzt. Das Baufeld Domsen soll ab 2016 angesprochen werden. Der Tagebau Profen wird mit seinen Baufeldern Schwerzau und Profen-Domsen voraussichtlich bis 2035 in Betrieb sein. Der Tagebau Profen ist ein kombinierter Band-Lkw-Tagebau, in dem zwei Kohleflöze abgebaut werden. Das Unternehmen hatte in dem 1973 als Tagebau Profen-Süd aufgeschlossenen Abbaufeld Profen Süd/D1 seinerzeit vier Schaufelradbagger und drei Eimerkettenbagger im Einsatz. Zur Freilegung des Hauptflözes muss neben dem Abraum auch eine Quarziteinlagerung beseitigt werden. Der Abraum wird in einem Drei-Schnitt-Bandbetrieb gewonnen. Im Tagebau Profen sind heute zehn Großgeräte im Einsatz, darunter vier Schaufelradbagger und vier Eimerkettenbagger, die je sowohl im Abraumbetrieb als auch in der Kohleförderung eingesetzt werden können. Sie werden durch zwei Absetzer und mobile Gewinnungs- und Fördertechnik ergänzt. Der Tagebau hat mehrere Gewinnungsschnitte und zwei Absetzerstrossen. Der Abtransport der Kohle erfolgt über eine Bandanlage u.a. zum Kraftwerk Schkopau, aber auch in eigene Kraftwerke. Für den Abraum und Kohletransport ist der Tagebau mit insgesamt 34 Kilometer Bandanlagen ausgestattet. Die Verkippung der Abraummassen erfolgt seit dem Jahr 1999 auf der Innenkippe mittels eines Bandabsetzers. 1941 war der Aufschlussbeginn für diesen Tagebau. Drei Jahre später begann die Kohleförderung aus dem Oberflöz und 1951 die Kohleförderung aus dem Unterflöz.

Blick über die Profener Tagesanlagen: Im Baufeld Domsen soll nach Einstellen des Abbaus der gleichnamige Domsener See zwischen 2036 und 2046 auf bis zu 920 Hektar mit Elsterwasser bei Hohenmölsen entstehen. Im Hintergrund der Mondsee.

Der Mondsee – Ein Bergmanns-Meisterstück

Wie Hohlformen nach dem Kohleabbau zu Freizeit-Seen werden

Beim Mondsee handelt es sich um ein Meisterstück der Wiedernutzbarmachung der Bergleute nach dem Braunkohlenbergbau. Der Mondsee liegt auf der Höhe von Naumburg, westlich des Tagebaus Profen, südlich von Hohenmölsen und nordwestlich von Deuben. Sein Name rührt aus der Flutungsphase her, als der rund 36 Hektar große Kunstsee anfänglich eine Sichelform hatte. Die Idee zu dieser Freizeitlandschaft mit See stammt aus den 1980er Jahren. 1986 wurde formell ein Hohenmölsener Ratsbeschluss gefasst, dass das Braunkohlenwerk Deuben auf den Kippenflächen des schon in den 1974 stillgesetzten Tagebaus Pirkau ein Naherholungsgebiet schaffen sollte. 1988 wurde mit der Profilierung des Geländes begonnen und schon 1991 wurde das erste Mal offiziell im See gebadet, obwohl der Flutungsprozess mit Tiefbrunnenwasser noch bis 1992 andauerte. Parallel wurden Bäume und Sträucher gepflanzt und schrittweise eine Infrastruktur aufgebaut. Dazu gehörten Liegewiesen, eine acht Meter hohe Großwasserrutsche als Markenzeichen, Erlebnisspielplatz sowie Parkplätze und Sanitärcontainer. An der Südost- und Südseite entstand ein fast 800 Meter langer Badestrand. Später kamen eine Gaststätte, ein Spielplatz und der Rundweg dazu. Um 2000 wurde eine Zufahrt zum Saison- und Dauer-Campingplatz Pirkau errichtet, der inzwischen 36 Stellplätze hat. 2009 kamen neue Sanitärgebäude für den Campingplatz und Toilettenanlagen für die Strandbesucher sowie ein Tennisplatz dazu. An den heißen Sommertagen wurden schon insgesamt bis zu 160 000 Gäste gezählt. Ein Gedenkstein erinnert an die abgebaggerten Dörfer Köttichau, Mutschau, Döbris und Steingrimma. Für den künftigen Nachbarsee nordöstlich von Zeitz, den Schwerzauer See, soll bereits um 2030 mit der Flutung begonnen werden. Auf 812 Hektar entsteht das Gewässer bis voraussichtlich 2036 im verbleibenden Restloch des dann ausgekohlten Baufeldes Schwerzau des Tagebaus Profen. Das Seevolumen wird einmal 213 Millionen Kubikmeter groß sein. Dazu soll Oberflächenwasser der Weißen Elster und zusätzlich Sümpfungswasser aus dem dann aktiven Baufeld Domsen genutzt werden.

2013 machten Starkregen und Überschwemmungen eine Erneuerung der Strandbereiche vom Mondsee notwendig, die von Mitarbeitern des produzierenden Braunkohleunternehmens und seiner Tochterfirma tatkräftig unterstützt wurde.

Auf den Luftbildern aus den 2000er Jahren werden besonders die Schüttrippen des Abraumförderbrückenbetriebes im aufsteigenden Wasser deutlich. Sie sind sichtbare Zeugnisse der Massenverkippung im Tagebau Zwenkau. Die Arbeitsspuren werden bald unter Wasser gehen.

Die Kippenrippen – Zeugnisse

Wie Förderbrücken mit Abraum gestalten

Bereits 1921 begann der Aufschluss für den damaligen Tagebau Böhlen bei Zwenkau. Zwischen 1924 und 1999 wurden insgesamt rund 580 Millionen Tonnen Braunkohle aus den bis zu zwölf Meter mächtigen Bornaer und Böhlener Flözen gewonnen. Mit einem sehr günstigen Abraum-zu-Kohle-Verhältnis war der Böhlener Tagebaubetrieb lange Zeit Spitze. 1400 Millionen Kubikmeter Abraum wurden in den fast 80 Jahren Laufzeit über den Kohleflözen abgefördert, davon 1200 Millionen Kubikmeter durch die Förderbrückenkomplexe. Um effektiv an die Kohle zu gelangen, wurde bereits 1930 eine erste Abraumförderbrücke in Betrieb genommen, die jedoch 1937 durch orkanartige Windböen in Bewegung und zum Einsturz kam. Die später heiß umstrittene zweite Förderbrücke aus der Mitteldeutschen Stahlwerke Lauchhammer AG leistete viel, erreichte sogar noch ihr 50. Dienstjubiläum. Nach dem letzten Kohlenzug im Herbst 1999 gab es leidenschaftliche Diskussionen in der Region um den möglichen Erhalt der Abraumförderbrücke Nr. 18 und ihrer dazugehörigen Bagger. Parallel speisten Grund- und Oberflächenwasser den verkippten Bereich. Nur noch die Rippen der Förderbrückenkippe schauten alsbald aus dem Wasser. Durch die weitere Flutung des Zwenkauer Sees mit Sümpfungswasser aus dem aktiven Tagebau Profen und der möglichen Nutzung des Wassers aus der Weißen Elster wird auch die Neutralisierung des Sees vorangetrieben.

Die Förderbrücke Zwenkau – Ingenieurskunst

Wie ein Denkmal der Flutung des Zwenkauer Sees wich

Die Abraumförderbrücke Nr. 18 stand lange auf der Liste der Denkmalschützer. Dieses bewegliche, 523 Meter lange Arbeitsgerät des Bergbaus war ein eindrucksvoller Beleg der mitteldeutschen Ingenieurskunst, dem ein zweites Leben als Technikzeuge oder begehbares Museum gut zu Gesicht gestanden hätte. Jedoch waren die Kosten, die entweder für das sichere Stehenlassen in einer aufgehenden Grube angefallen wären oder aber für einen Transport an einen wasserfernen Standort wirtschaftlich nicht darstellbar. Die geplanten Kosten der Demontage der AFB und der Stahlverwertung der 7200-Tonnen-Konstruktion hätten in das Projekt einfließen können. Dennoch musste die Aufhebung des Denkmalstatus erfolgen, jedoch mit der Auflage, einen Ausstellungspavillon für die Bergbaugeschichte mit einem Modell der Förderbrücke zu errichten. Da die Entscheidungen schnell getroffen werden mussten, kam es vor dem Hintergrund des bereits aufgehenden Wassers und im Beisein tausender Beobachter im Dezember 2001 am Abstellplatz zur Sprengung der 368 Meter langen und rund 4100 Tonnen schweren Hauptbrücke. Einige Bauteile wie beispielsweise der Hauptführerstand wurden zuvor extra geborgen und später als Gestaltungselemente an anderer Stelle mit einbezogen, so im Bergbau-Technik-Park. Die Zulassungsverfahren der LMBV wurden durch die zuständigen Behörden in gegenseitiger Information, Abstimmung und Einvernehmen durchgeführt.

Die Abraumförderbrücke Nr. 18 gilt als ein verlorenes Zeugnis der Ingenieurkunst. Ihre Mächtigkeit wird erst im Luftbild eindrucksvoll deutlich. (Foto: Rene Bär)

Die Stadt Zwenkau – Halbinsel im Bergbau

Von Mausezwenke zum künftigen Seebad

Wenn man heute auf Zwenkau schaut, ist vor allem der sich füllende Hohlraum des Tagebaus Zwenkau wie ein Riegel zwischen der Kommune und der Metropole Leipzig zu sehen. Dennoch ist die Stadt dabei, sich vom Kohleimage zu befreien und von Leipzig zu emanzipieren. Bald wird man vom Seebad Zwenkau sprechen. Im Schatten des aufstrebenden Leipzig entwickelte sich Zwenkau nur langsam. 1748 wurden knapp 90 Haushalte mit rund 500 Einwohnern gezählt. Nach dem Siebenjährigen Krieg erlebte die Stadt einen gewerblichen Aufschwung und die Bevölkerung verfünffachte sich in weniger als 100 Jahren. Noch vor der eigentlichen Industrialisierung zählte man 1834 in Zwenkau 2419 Einwohner. Von 1890 bis 1908 wurde durch das Braunkohlenwerk Zwenkau Kohlenabbau im Tiefbau betrieben. Wegen starken Grundwasserflusses musste der Abbau eingestellt werden. In der ersten Hälfte des 20. Jahrhunderts wuchs Zwenkau vor allem durch die Beschäftigung in den Tagebauen und durch die Folgeindustrien an. Das Schicksal der Stadt wurde zunehmend von den mächtigen, unter dem Leipziger und Zwenkauer Elsterland liegenden Kohleflözen bestimmt. Je näher der Tagebau jedoch der Stadt kam, desto mehr Einwohner gingen weg. Nach anfänglichem wirtschaftlichem Aufschwung verlor die Stadt aber ab Mitte der 1950er Jahre immer mehr an Attraktivität. Die Bagger verschlangen erst die Nadelwälder der Harth, danach die nördlichsten Siedlungen der Stadt, die Nachbardörfer Bösdorf und Eythra und große Teile des für die Region charakteristischen Auenwalds, kurz, einfach alles, was den Reiz des Zwenkauer Umfeldes ausmachte. Immer mehr vor allem junge Menschen zogen weg, und die Stadt begann zu sterben. Von 1950 bis 1990 verlor der Ort so fast 40 Prozent seiner Einwohner. Zwenkau galt gefühlt als eine dem Abriss geweihte Stadt. Der langjährige Bürgermeister Herbert Ehme beschrieb dies so: »Einsprüche, ja sogar leise Proteste der Bürger und Naturschützer blieben ohne Erfolg. Nur beim Fasching wurde Klartext gesungen.«

Zwenkau ist eine der ältesten Städte im heutigen Sachsen. Als slawische Siedlung wurde die Stadt 974 erstmals urkundlich erwähnt und als »civitas zuenkouua« bezeichnet. Vom Mittelalter her hat es auch den Spitznamen »Mausezwenke«. Im Hintergrund sind der Cospudener See und die Stadt Leipzig zu erkennen.

Das KAP ZWENKAU – Bergbaunachfolge

Wie Proteste zum Traum vom Seebad führten

Aufgrund eines über die Stadt Zwenkau jahrzehntelang verhängten Bauverbots befanden sich die Häuser, die Straßen und die Ver- und Entsorgungssysteme in einem katastrophalen Zustand. Es wurde eine Vision für die verfallene Stadt hin zu einem sächsischen Seebad entwickelt. Mit dem ersten Spatenstich für den Gewerbepark Zwenkau im Juli 1991 begann die Ansiedlung von Firmen, so entstanden etwa 2000 neue Arbeitsplätze. Es folgten die Sanierung des Innenstadtbereichs und die Erneuerung der Infrastruktur. Neue Wohngebiete wurden erschlossen und bebaut. Die Sanierung des maroden Wohnungsbestands war ein weiterer Entwicklungsschwerpunkt. Der Zuzug vieler junger Familien setzte ein. Der letzte Kohlezug verließ Ende September 1999 den Tagebau Zwenkau. Der Traum vom Bad Zwenkau wird langsam Realität. Planer, Investoren, Bergbausanierer und die Stadt arbeiten gemeinsam an der Verwirklichung dieses Traums. Mit der Eröffnung des Bergbaupavillons am KAP ZWENKAU im April 2006 wurde der Anfang gemacht. Von der Sonnenterrasse des Pavillons aus kann man gut den Ausbau des Hafenterrains beobachten. Mit dem KAP ZWENKAU entsteht ein neues urbanes Zentrum direkt am zukünftigen Zwenkauer See. Einen weiteren historischen Moment für die Stadt Zwenkau markierte der März 2007: Knapp ein Jahr nach Eröffnung des Bergbaupavillons gab Sachsens Ministerpräsident Georg Milbradt gemeinsam mit dem LMBV-Chef mit einem symbolischen Knopfdruck den Befehl für die Flutung des Zwenkauer Sees. Tausende Menschen aus Zwenkau und der Region, die schon immer mit Freude und Spannung den Wandel der Landschaft verfolgten, wohnten diesem Ereignis bei. Verschiedene Zeitungen berichteten darüber: »Eine blaue Lunge – größer als der Tegernsee.« oder »Ausflugsdampfer statt Braunkohlebagger«. Treffend auch eine Überschrift: »Ein Kohlerevier wird zur Seenplatte – Neues Gewässer in sieben Jahren größer als der Tegernsee.«

Laut Braunkohleplan sollten beim Weiterbetrieb des Tagebaus bis 2005 noch Elsteraue und Eichholzteile weichen. Nach Protestbriefen, Bürgerforen und einer Lichterkette 1993 wurde eine neue Vision entwickelt, die sich im KAP ZWENKAU manifestiert.

Die Zwenkauer Sanierung – Neu gestalten

Der künftige Südstrand von Leipzig wächst

Die Abbaugrenze des sich entgegen der Uhrzeigerrichtung um Zwenkau von 1921 bis 1999 bewegenden Tagebaues Zwenkau bzw. Böhlen wurde nach Abwägen der Interessen von Stadt und Braunkohlenwirtschaft durch den Planungsverband Westsachsen 1993 festgelegt. Die Tagebauabbaugrenze markiert die ehemalige Straße Eythra–Zitzschen. Mit dieser Entscheidung blieben die Lindenallee des einstigen Schlosses Eythra sowie das Auenwaldgebiet Eichholz erhalten. Von der Aussichtsplattform am nördlichsten Punkt Zwenkaus, dem KAP ZWENKAU waren und sind aus rund 18 Meter Höhe die vielfältigen Bauaktivitäten neben dem Ausstellungspavillon und die Errichtung des Hafenbeckens lange gut zu verfolgen gewesen. 2013 bekam das bis dahin trocken liegende Hafenbecken erstmals nasse Füße. Bis zu seiner Inbetriebnahme wird es nun nur noch eines Wasseranstiegs um zwei Meter bedürfen. Bis zum Endwasserstand fehlen dann noch anderthalb Meter. Das Nordufer ist noch Bergbaufolgelandschaft. Hier vollzogen sich 2014 spannende Planungsprozesse. In einem Ideenwettbewerb des Zweckverbandes Neue Harth und dem Projektentwickler Sächsisches Seebad Zwenkau hat sich ein Entwurf durchgesetzt, der eine Aufteilung in verschiedene Feriendörfer vorsieht. Dabei ist ein Hafendorf, individuelle Eremitenhütten und ein Campingareal vorgesehen. Zielgruppen sind Familien mit Kindern, Aktiv- und Sporturlauber sowie Tagesgäste aus der Region. Die Umsetzung wird voraussichtlich bis 2020 andauern. Das Nordufer soll zum neuen Markenzeichen des Leipziger Neuseenlandes werden. Es kann zum begehrten Südstrand der Stadt Leipzig werden. Sein großer Vorteil – es verfügt über einen eigenen Autobahnanschluss, die BAB 38-Abfahrt Neue Harth.

Vor der Flutung stand die Ufersicherung und Gestaltung an. Im südlichen Böschungssystem mussten viele Bermen angelegt und Erdmassen bewegt werden.

Mit dem Herstellen des Zwenkauer Sees mit einem mittleren Wasserstand von 113,5 Meter NHN und einer Schwankungsbreite von fast einem Meter wird ein ausgeglichener und weitestgehend nachsorgefreier Wasserhaushalt erreicht.

Der Zwenkauer See – Der großc Unvollendete

Der größte Wasserschlucker mit vielen Chancen

Ab Anfang April 2006 erfolgte auf der Grundlage der 53. Ergänzung zum Abschlussbetriebsplan für den Tagebau Zwenkau das Außerbetriebnehmen und der Rückbau wesentlicher Wasserhaltungen und Rohrleitungen. Damit begann der Eigenaufgang des Grundwassers im Tagebaurestloch Zwenkau. Zur weiteren Flutung wurde Sümpfungswasser aus dem aktiven Tagebau Profen verwendet. Auf die ursprünglich geplante Flutung mit Wasser aus dem Tagebau Schleenhain konnte wegen der vergleichsweise besseren Wasserqualität des Profener Sümpfungswassers verzichtet werden. Um den Wegfall des Schleenhainer Wassers zu kompensieren und den geplanten Endwasserstand bis 2014 zu erreichen, wurde auch die Verwendung von Wasser aus der Weißen Elster untersucht. Auf die Anträge der LMBV von 2006 beziehungsweise 2007 hatte die Landesdirektion Leipzig den Plan zur Herstellung des Zwenkauer Sees 2008 erlassen. Der Planfeststellungsbeschluss stellte einen wesentlichen Baustein und die rechtssichere Grundlage zur Wiedernutzbarmachung des stillgelegten Tagebauterritoriums Zwenkau sowie einen wichtigen Beitrag zu einem wirksamen Hochwasserschutz für die Stadt Leipzig dar. In Anbetracht des flächenmäßigen Umgriffs und der besonderen Anforderungen hinsichtlich der Wasserqualität war dieses wasserrechtliche Planfeststellungsverfahren das anspruchsvollste, verglichen mit den anderen insgesamt sechs durchgeführten wasserrechtlichen Zulassungsverfahren. Mit dem Fluten des Zwenkauer Hohlraums wird die Grundlage für die Entwicklung eines 970 Hektar großen Landschafts- und Erholungssees sowie den Ausbau des Gewässertourismus geschaffen.

Die Zwenkauer Entwicklungen – Seebad

Neue Architektur im Neuseenland – Quartiere am See entstehen

Zwenkau war bis in die Zeit des Zweiten Weltkrieges hinein beliebtes Ausflugsziel der Leipziger Großstadtbevölkerung durch das einst nordöstlich an die Stadt grenzende Waldgebiet Harth. Dieses wurde infolge des 1921 erfolgten Aufschlusses des Tagebaus Böhlen, dem Vorläufer des Tagebaus Zwenkau, abgeholzt und abgebaggert. Unter der hauptsächlich aus Nadelgehölzen bestehenden Harth befanden sich mächtige Braunkohlenflöze, die im Zeitraum von 1950 bis etwa 1975 abgebaut wurden. Aufgrund der Weiterführung des Tagebaus über das Jahr 1970 hinaus wurde die Abbaggerung der Orte Bösdorf und Eythra 1970 endgültig beschlossen. Die Tempelruine »Trianon« aus der Zeit um 1790 unweit der Lindenallee von Schloss Eythra erinnert als letzter Rest an den devastierten Ort Eythra. Heute kündet moderne Architektur vom Wandel in Zwenkau. Private Investitionen am Südufer haben das Gelände neben dem mit öffentlichen Mitteln errichteten Ausstellungs- und Versorgungsgebäude sowie dem zukünftigen Hafen am KAP Zwenkau seit 2009 beträchtlich ausgeweitet und aufgewertet. Dazu gehören privat errichtete Wohnhäuser, die nach strengen Vorgaben eines gesonderten Bebauungsplanes von Architekten entworfen wurden. Am Ufer des Zwenkauer Sees entstehen so exklusive Wohnquartiere mit kubischen Baukörpern. Gebäude und Straßen folgen den natürlichen Höhenlinien und sind jeweils um drei Meter in der Höhe versetzt. Die unmittelbar am Seeufer gelegenen Gebäude blicken mit ihren schmalen Köpfen direkt auf den See und lassen mit ihren großen Abständen Durchblicke für die darüber gelegenen Gebäude zu. Optimal nach Süden orientiert sind die Wohnräume der Gebäude in zweiter Reihe. Sie werden von Norden erschlossen. Langhäuser erlauben interessante Grundrisse und großzügige Fensterflächen zum See. Durch das Gebiet schlängelt sich eine grüne Mitte. Sie führt vom Seeufer in einen begrünten Spielbereich in der Mulde und hangaufwärts zu einem Ausblick auf der Höhe. Von der grünen Mitte führen schmale, von Regenwassermulden begleitete Wege direkt zum See. Steganlagen bieten hier Anlegemöglichkeiten für kleine Boote.

Mit seiner fast zehn Quadratkilometer großen Wasserfläche wird der Zwenkauer See einmal größer als der bekannte Tegernsee sein. Die Vollendung des bis zu 22 Kilometer langen Rundweges wird den See weiter aufwerten. Die Aufnahme ist aus dem Jahr 2013. Deutlich zu erkennen ist nun die Gesamtgröße der Wasserfläche.

Die Zwenkauer Ufer – Genutzte Fluten

Ein Schiff kreuzt auf dem unfertigen See

Noch ist er im Wachsen begriffen – der größte Bergbaufolgesee im Südraum von Leipzig, angrenzend an die Stadt Zwenkau, die namensgebend ist. Noch ist nicht entschieden, ob die schnelle Endflutung oder die vorsorgende Hochwasserspeichermöglichkeit Vorrang bekommt. Die Bergbausanierer haben das Restloch des ehemaligen Tagebaus Zwenkau für beide Varianten vorbereitet, auch wenn noch Arbeiten am Nordufer und am künftigen Auslauf in die Weiße Elster ausstehen. Denn der Zwenkauer See ist bereits von den Anwohnern angenommen und langjährig in einer sogenannten Zwischennutzung. Das bedeutet konkret, dass der Eigentümer LMBV schon unter Bergrecht es vertraglich ermöglichte, dass ein Motorschiff auf dem noch unvollendeten Gewässer verkehren konnte. Dazu wurde bereits 2008 ein privater Investor gefunden, der seit dem Juli 2008 kommerziell Ausflugsfahrten auf dem jungen See anbot. Das 1957 gebaute, rund 26 Meter lange Fahrgastschiff stammte aus Mecklenburg und kam nahe dem künftigen Hafen zu einer zweiten Karriere. Die behelfsmäßige Anlegestelle für die MS SANTA BARBARA wurde auf einer schrägen Zufahrt, die ursprünglich ins Tagbautiefste führte, immer wieder mit dem aufsteigenden Wasserpegel weiter um bis zu 25 Meter nach oben verschoben. Aber gerade diese technisch einfache Lösung und der noch unvollendete, ja zum Teil noch archaisch anmutende Charakter der gekippten und gewachsenen Böschungen im frühen Flutungsstadium lockte die Besucher an, die zuvor viele Jahrzehnte fast keinen oder nur von weitem einen Blick in den am längsten im Süden von Leipzig betriebenen Braunkohlentagebau hatten werfen können.

Der Zwenkauer See mit Fahrgastschiff: Über eine in den 1990er Jahren konzipierte und gebaute Ringleitung wurden alle im Südraum zu flutenden Gruben mit Sümpfungswasser der noch aktiven Tagebaue befüllt.

Das Hochwasserentlastungsbauwerk – Schutz

Wie zehn Millionen Euro Leipzig vor dem Überfluten retteten

Das Ziel war klar definiert: Durch den gleichfalls mit dem Planfeststellungsbeschluss zugelassenen Bau des Hochwasserspeichers Zwenkau soll ein wirksamer Hochwasserschutz der Weißen Elster bei Abflüssen von mehr als 450 m³/s geschaffen werden. Damit könnte die Stadt Leipzig schadlos vor einem Hochwasser geschützt werden, das statistisch alle 150 Jahre eintritt – dies entspricht einem Durchfluss von 580 m³/s. Das Hochwasser kann durch das Einlaufbauwerk bei Zitzschen in den Zwenkauer See abgeleitet und über den Betriebsauslass Weiße Elster kontrolliert wieder in die Weiße Elster eingeleitet werden. Der Hochwasserspeicherraum Zwenkau umfasst im künftigen Zwenkauer See einen Rückhalteraum von etwa zwei Meter Lamelle. Das entspricht einem Fassungsvermögen von rund 18,5 Millionen Kubikmeter. Der obere Bereich des Rückhalteraums zwischen 114,15 und 115,6 Meter NHN kann über den Betriebsauslass Weiße Elster, der bis Ende 2014 durch die LMBV gebaut wird, innerhalb von 21 Tagen in die Weiße Elster entleert werden. Die Entleerung erfolgt nach Umplanungen künftig über ein Hochwassertor und den noch zu bauenden Harthkanal. Mit der Zulassung wurde zugleich eine Bewirtschaftungslamelle von 70 Zentimetern genehmigt. Dies dient der Sicherstellung gewässerökologischer Anforderungen sowie der Gewährleistung einer gewässertouristischen Nutzung für eine künftige kurze schiffbare Verbindung zwischen dem Zwenkauer See und dem Cospudener See. Nach dem Sommerhochwasser 2013 sind die Planer zum erneuten Nachdenken aufgefordert worden. Mit dem Bau des nur rund elf Millionen Euro teuren Hochwasserabschlagbauwerks bis zum Mai 2013 durch die LMBV konnten geschätzte Schäden von rund 23 Millionen Euro in den weiter nördlich gelegenen bebauten Leipziger Auenbereichen vermieden werden. Damit hat sich das Hochwasserentlastungsbauwerk einmal bewährt und quasi amortisiert; nun stellt sich die Frage, wie viele weitere Flutwellen der See bis zu seinem Endstau noch aufnehmen kann, ohne dass der Auslauf zur Regulierung bereits funktioniert. Hier wird zwischen den Entwicklungsprozessen rund um und am See und den Schutzbedürfnissen der Leipziger abzuwägen sein.

Gut zu erkennen ist die vormals für den Tagebau verlegte Weiße Elster und das von den Bergbausanierern errichtete Hochwasserentlastungsbauwerk zum entstehenden Zwenkauer See.

Die Metropole Leipzig – Das Seenlandherz

Zwischen Kopfbahnhof und Spuren von Bach

Der Leipziger Hauptbahnhof, der fast jedes zentrale Luftbild der Stadt dominiert, wurde im Oktober 1915 eröffnet und ist mit 24 Bahnsteigen einer der größten Personenbahnhöfe der Welt. Er besitzt zwei Eingangshallen, da es bis 1934 eine sächsische und eine preußische Verwaltung für ihn gab. Schwierigkeiten bereitete schon der morastige Baugrund. Um eine ausreichende Stabilität zu erreichen, mussten 3125 Gründungspfähle aus Stahlbeton sieben Meter tief in die Erde getrieben werden. Der Wasserlauf der Parthe wurde für den Bahnhofsneubau unter die Erde verlegt und umgeleitet, um einen entsprechenden Geländeschnitt zu erhalten. Der Leipziger Rat hatte sich für einen Kopfbahnhof mit dem Argument entschieden, dass die neue repräsentative Station damit näher an das Stadtzentrum gebaut werden könne. Seine heutige Fassade, die in Richtung Innenstadt zeigt, ist 298 Meter breit. Als Kopfbahnhof – umgangssprachlich auch Sackbahnhof genannt – ist er eine Einrichtung, bei dem die Gleise im Bahnhof enden und somit alle Züge nur an einer Seite hinein und in umgekehrter Fahrtrichtung wieder herausfahren können. Typisches Merkmal eines Kopfbahnhofes ist ein sogenannter Kopf- oder Querbahnsteig, der quer hinter den Gleisenden verläuft und alle längs angeordneten Bahnsteige miteinander verbindet. Er ist heute die Drehscheibe des Leipziger Innenstadtverkehrs und des mitteldeutschen Nah- und Fernverkehrs. Der Bahnhof wurde ab 1996 umfassend restauriert. Seitdem findet man dort auch die Hauptbahnhof-Promenaden, ein Einkaufszentrum und ein Parkhaus. In der Querbahnsteighalle befinden sich auf mehreren Etagen Läden und Boutiquen. Leipzigs Hauptbahnhof hat ein Fahrgastaufkommen von täglich 120 000 Pendlern, Reisenden und Besuchern. Um die Nachteile des Kopfbahnhofes zu minimieren, wurde bis 2013 der City-Tunnel Leipzig als S-Bahn-Tunnel mit unterirdischen Stationen gebaut, von denen eine direkt am Alten Rathaus in der Nähe der Thomaskirche ist. Die im Zentrum gelegene Thomaskirche geht auf das 12. Jahrhundert zurück. Ihr Turm ist 68 Meterhoch. Die Thomaskirche wurde im Laufe der Geschichte vom Musiker Johann Sebastian Bach als Thomaskantor, dem Thomaschor und auch Martin Luther, der hier 1539 predigte, geprägt.

Der Leipziger Hauptbahnhof öffnet den Weg ins Neuseenland. Im Zentrum liegt auch die Thomaskirche, wo nicht nur Bach wirkte. Hier wurde 1409 die Universität Leipzig gegründet.

Der innerstädtische Campus wurde neu gestaltet. Das künftige Paulinum, Aula und Universitätskirche St. Pauli in einem Kubus, sind noch im Bau. Das neue Augusteum ist das Hauptgebäude der Universität.

Die Universität – Mit Paulinum und Campus

Wo die Neubauten der Alma Mater Lipsiensis sind

Die Universität Leipzig prägt mit ihren Gebäuden die Innenstadt von Leipzig. Das City-Hochhaus Leipzig (links im Foto) am Augustusplatz ist mit 142 Metern und 29 Nutzetagen das zweithöchste Gebäude der neuen Bundesländer. Es entstand von 1968 bis 1972 nach Entwürfen des Architekten Hermann Henselmann im Zuge der Neugestaltung des Universitätscampus am damaligen Karl-Marx-Platz und war bei seiner Fertigstellung das höchste Gebäude Deutschlands. Aufgrund der drei langen, leicht nach innen gewölbten Längsseiten bei einer überhöhten Schmalseite kann die Form des Gebäudes aus Straßensicht als ein aufgeschlagenes Buch interpretiert werden. Wegen seiner anfänglichen Nutzung entstanden im Volksmund die Namen Uni-Riese, Weisheitszahn oder auch Steiler Zahn. In den Jahren 1999 bis 2002 wurde das City-Hochhaus komplett saniert, dabei wurde die Fassade mit Naturstein und Glas neu verkleidet. Auf dem Dach ist eine Aussichtsplattform eingerichtet. Sie befindet sich in einer Höhe von etwa 120 Metern und bietet einen guten Überblick über große Teile der Stadt. Sie ist daher ein beliebtes Touristenziel. Die Universität Leipzig ist heute nicht mehr im Hause vertreten: das Gebäude wurde von der Landesregierung verkauft. Neben dem ehemaligen Universitäts-Hochhaus steht das alte Hauptgebäude der Universität. Die Universität Leipzig ist heute mit mehr als 26 000 Studenten und fast 500 Professoren die größte Hochschule in Leipzig. 600 Jahre nach ihrer Gründung beging die Universität im Jahr 2009 ihr Jubiläum. Bis zu diesem Jubiläum sollte der innerstädtische Campus neu gestaltet werden. Im Sommer 2005 begann der Umbau mit dem Bau der neuen Zentralmensa. Die neue Mensa am Park in der Universitätsstraße gegenüber dem Schillerpark wurde im Juni 2009 eröffnet. Das neue Augusteum folgte im Sommer 2012 und ist heute das Hauptgebäude der Universität. Das künftige Paulinum – Aula und Universitätskirche St. Pauli in einem Kubus – befindet sich aber noch im Bau. Es wird einmal sowohl geistig als auch geistlich genutzt werden können.

Die Rathäuser – Zwischen Altem und Neuem

Die Wahrzeichen Leipzigs mit beeindruckender Architektur

Das Alte Rathaus drückt die ganze Würde und den Reichtum der alten Messe- und Verwaltungsstadt Leipzig aus. Es gehört heute zu den schönsten erhaltenen Renaissancebauten im Land. Das Gebäude entstand ab 1556 unter Leitung des kurfürstlichen Baumeisters und Bürgermeisters Hieronymus Lotter. Mit seinen Arkaden und Gängen ist es heute Teil des Stadtgeschichtlichen Museums. Das alte Ratsgestühl, wertvolle Gemälde und eine figürliche und maßstäbliche Darstellung zeigen die Entwicklung der Stadt. Das Neue Rathaus zu Leipzig wurde 1899 bis 1905 nach Plänen von Hugo Licht im Stil des Historismus erbaut. Der monumentale Bau zeichnet sich durch seine künstlerische Innengestaltung und einen reichen Fassadenschmuck aus. Lichts Entwurf war aus einem deutschlandweit ausgeschriebenen Wettbewerb als Sieger hervorgegangen. Dazu wurde auf Teilen des Geländes der mittelalterlichen Pleißenburg das neue burgähnliche Gebäude errichtet. Anfang Oktober 1905 konnte das Neue Rathaus zu Leipzig in Anwesenheit zahlreicher Prominenter, darunter auch der Sächsische König Friedrich August, feierlich der Öffentlichkeit übergeben werden. Die Fassade ist geschmückt mit einer Vielzahl plastischer Details – Skulpturen und Reliefs mit thematischem Bezug zur Stadt und ihren Bewohnern. Neben dem Löwen als Wappentier, der variantenreich vertreten ist, finden sich hier die Stadtgöttin Lipsia und allegorische Figuren für Buchdruckkunst, Justiz, Wissenschaft, Musik und Handwerk sowie unzählige Tier- und Fabelwesen. Auch im Inneren des Gebäudes lohnt wegen der Details ein genauerer Blick. Besonders hervorzuheben sind das reich ausgeschmückte Haupttreppenhaus und der historische Ratsplenarsaal, beide noch fast ursprünglich erhalten. Die Untere und Obere Wandelhalle, in denen heute oft Ausstellungen gezeigt werden, entfalten eine enorme Raumwirkung. Das Neue Rathaus ist seit 1905 Sitz der Leipziger Stadtverwaltung. Es gehört seitdem zu den bedeutendsten deutschen Rathausbauten, die im Stil des Historismus errichtet wurden.

Der Rathausturm (unten rechts) wurde bald zu einem beliebten Postkartenmotiv Leipzigs. Der fast 115 Meter hohe Turm, der auf dem Fundament des alten Pleißenburg-Turms fußt, ist zu einem Wahrzeichen der Stadt geworden.

Das Panometer Leipzig – Geschichtsreise

Zwischen Illusionsmalerei und Geschichtsvermittlung

Das Panometer Leipzig ist ein Ausstellungsgebäude an der Richard-Lehmann-Straße, in dem der Unternehmer und Künstler Yadegar Asisi seit 2003 verschiedene monumentale Panoramabilder präsentierte. Da das Gebäude früher ein Gasometer war, wurde aus Panorama und Gasometer das Kunstwort Panometer geschaffen. Zu Beginn der 2000er Jahre griff Asisi die Möglichkeit auf, mit den seitdem verfügbaren Mitteln der Design- und Drucktechnik ein Riesenpanorama zu schaffen, das er in alten Industriegemäuern auf Leinwände brachte. Er erkannte als Architekt wie in anderen Städten auch in den stillgelegten Gasometern den geeigneten und bevorzugten Ort für seine Leipziger Präsentation. Dabei konzentrierte sich der Investor auf das Gasometer II, das größte von ehemals drei umhausten Gasometern auf dem Connewitzer Gelände der Stadtwerke Leipzig. Dieses war auch noch am besten erhalten, da den weiteren Speichern entweder das Dach fehlte bzw. die Hülle schon gesprengt war. Das ab 1909 erbaute Gasometer II des Leipziger Gaswerks wurde vormals zur Speicherung des hier produzierten Stadtgases genutzt. Seit der Einstellung der Gasproduktion war die bauliche Hülle des ehemaligen Teleskopbehälters ungenutzt. Dieser kreisrunde Ziegelbau war in der Amtszeit des Stadtbaudirektors Otto Wilhelm Scharenberg errichtet worden. Die Panoramabilder selbst haben eine Länge von etwa 105 Meter und sind zwischen 30 und 35 Meter hoch. Damit stellen sie zurzeit die größten Panoramenbilder der Welt dar. Der Bildumfang entspricht einem Durchmesser von etwa 33 Metern.

Das Panometer hat einen Durchmesser von knapp 57 Metern. Die Höhe des Wandmauerwerks beträgt 30 Meter und die Kuppel erreicht 49 Meter. 2002 begann die Sanierung des Baus, insbesondere der Dachkuppel. Im Hintergrund das Völkerschlachtdenkmal bei Leipzig. Es wurde in Erinnerung an die Völkerschlacht bei Leipzig nach Entwürfen des Berliner Architekten Bruno Schmitz errichtet und 1913 eingeweiht.

Das Gondwanaland ist eine moderne Tropenhalle im Zoo von Leipzig. In der nach Gondwana, einem der Urkontinente auf der Südhalbkugel benannten Halle, werden Tiere sowie tropische Pflanzen gezeigt. Die Aufnahme vom Zoo entstand 2014.

Das Gondwanaland – Zooarchitektur

Moderne Architektur für tropische Erfahrungen

Das Gondwanaland ist eine moderne Tropenhalle im Zoo von Leipzig. In der Halle werden bei Temperaturen um 25 Grad Celsius und einer Luftfeuchtigkeit von über 65 Prozent etwa 300 Tiere sowie 17 000 tropische Pflanzen gezeigt. Heute ist insbesondere das technisch anspruchsvolle Dach aus der Luft gut zu erkennen. Der Bau der größten Tropenhalle Europas, die dem Besucher die Einheit der Kontinente Asien, Südamerika und Afrika in der erdgeschichtlichen Entwicklung vor Augen führen soll, war ursprünglich in der Geländemitte des Zoos geplant, jedoch wurde das ehemalige Betriebsgelände einer Kammgarnspinnerei am östlichen Rand des Zooareals als Erweiterungsbaugrund gewählt. Nach langen Vorbereitungen konnte der Fabrikbau im Februar 2007 gesprengt werden. Insgesamt wurden in den nachfolgenden vier Jahren etwa 66 Millionen Euro in den Bau investiert. Auf fast zwei Hektar entstand eine Tropenhalle mit dem Grundriss eines Dreiecks. Die Dachform eines Kugeldreiecks ermöglichte ein großes Gebäudevolumen und eine Firsthöhe von etwa 36 Metern in der Dachmitte. Das Dach ist über 154 Meter frei gespannt und hat trotzdem nur eine Konstruktionshöhe von unter zwei Metern. Am Hochpunkt der Längsseiten ragt das Primärtragwerk rund 17 Meter über das Straßenniveau hinaus. Im November 2007 fand der symbolische erste Spatenstich statt. Der Bau wurde im Januar 2010 fertiggestellt. Die komplette Dachkonstruktion inklusive Folienkissen folgte bis Juni 2010. Danach begann der Innenausbau der Halle und es wurden die ersten Pflanzen eingesetzt. Im Mai 2011 zogen dann auch die ersten Tiere in die Gehege ein.

Das Leipziger Stadion – Sporttradition

Vom Zentralstadion zur Red Bull Arena

Ein ganz wesentliches Bildelement ist das zentrale Stadion. Das Leipziger Zentralstadion, seit 2010 umbenannt, ist das größte Stadion der Stadt. Es liegt eingebettet in dem begrünten Wall des alten Zentralstadions, von dem nur das Hauptgebäude erhalten blieb. Das alte Zentralstadion am Elsterbecken entstand zwischen 1954 und 1956 und erlebte viele Turn- und Sportfeste. Alle wichtigen sportlichen Events wie Turnfeste, Leichtathletik-Wettkämpfe und Länderspiele der Nationalmannschaft fanden hier statt. Nach dem Fall der Mauer verfiel das Stadion zusehends und konnte durch einen finanzstarken Sponsor neu profiliert werden. Ein österreichischer Getränkehersteller sicherte sich 2009 für 30 Jahre die Namensrechte an der Arena und finanzierte den Umbau zu einem modernen, jedoch reinen Fußballstadion. Im Jahr 2000 entschied sich die Stadt Leipzig, den Umbau des Zentralstadions zu einer mehr als 44 000 Zuschauer fassenden Fußballarena zu ermöglichen. Ein geschwungenes, viergeteiltes Dach aus Stahltrapezprofilen prägt nun die Arena. Die Überdachung besteht aus den beiden gegenüberliegenden Tribünendächern und den beiden Kurvendächern. Das Tragwerk besteht aus zwei nach außen geneigten seilunterspannten Bogenbindern in Längsrichtung sowie Quer- und Längsträgern. Die 17 Meter hohe Stahlkonstruktion des Daches überspannt stützenfrei die Tribünen. Die offizielle Eröffnung der neuen Arena erfolgte im Juli 2004 im Rahmen eines internationalen Fußballturniers. Neben Fußballspielen erleben Zuschauer dort seitdem auch Rockkonzerte oder Musikevents unter der spektakulären Dachkonstruktion.

Die heutige Red Bull Arena ist der moderne Umbau des ehemaligen Zentralstadions, das zwischen 1954 und 1956 aus einem 23 Meter hohen Wall aus Kriegstrümmern errichtet wurde. Zu Zeiten der DDR war die für 100 000 Besucher konzipierte Sportstätte die Größte ihrer Art in Europa.

Neben dem Leipziger Zoo wirkt auch das Leipziger Scheibenholz anmutig grün.

Das Scheibenholz – Grüne Rennbahn

Wo Galopper im Leipziger Grünen unterwegs sind

Die Galopprennbahn Scheibenholz, früher auch Rennbahn am Scheibenholz genannt, wurde 1867 im Scheibenholz, einem Teil des Leipziger Auenwaldes, errichtet. Das Areal wird begrenzt vom Rennbahnweg im Norden, der Karl-Tauchnitz-Straße und der Wundtstraße im Osten, dem Schleußiger Weg im Süden sowie dem Elsterflutbett im Westen. Nördlich des Rennbahnweges schließt sich der Clara-Zetkin-Park an. Am östlichen Rand der Galopprennbahn liegt das Musikviertel. Die Fläche der gesamten Anlage umfasst rund 30 Hektar. Am 14. und 15. September 1867 fand im Scheibenholz das Eröffnungsrennen statt. Damals betrug die Bahnlänge nur 1550 Meter. Ihre heutige Gestalt erhielt die Rennbahn 1907, als die hölzerne Tribüne im Zusammenhang mit der Erweiterung der Anlage durch einen Neubau ersetzt wurde. Da die Rennbahn auch außerhalb der Renntage ein viel besuchtes Ausflugsziel war, wurde in den Tribünensockel ein großzügiges Restaurant integriert. Das von schlanken Eisenstützen getragene Dach und die beiden Türme prägen immer noch über die Rennbahngrenzen hinaus das Landschaftsbild. 1932 wurde die Flachbahn auf 1750 Meter verlängert und erhielt damit ihre heutige Form. Im August 1945 fand der erste deutsche Nachkriegsrenntag mit sechs Rennen statt. Von 1974 bis 1990 war die Leipziger Galopprennbahn Betriebsteil des VEB Vollblutrennbahnen Hoppegarten. Es wurden jährlich mehr als 30 Renntage veranstaltet. Ein Neubeginn im Jahre 1990 erfolgte mit einem Jahresprogramm von zehn Renntagen. Das Jubiläum »150 Jahre Galopprennsport in Leipzig« beging der heutige Leipziger Reit- und Rennverein Scheibenholz e.V. mit einem Jubiläumsrenntag im September 2013.

Der Kulkwitzer See – Der Alteingeführte

Zwischen schwimmendem Strandbad und Rotem Haus

Lange war in den 1950er Jahren über die Frage der Nachnutzung des verbliebenen Restloches der Tagebaue Kulkwitz und Miltitz gerungen worden. Der ehemalige Tagebau Kulkwitz war im Jahr 1935 zwischen Markranstädt und Kulkwitz aufgeschlossen worden. Nach dem Zweiten Weltkrieg wurde er zehn Jahre als Tagebau Miltitz bis 1963 weitergeführt und ausgekohlt. Mit dem geplanten Bau einer Großsiedlung in Leipzig-Grünau fiel die Entscheidung, die verbliebene Senke langsam mit Grundwasser anzustauen. Nach Gestaltung der Böschungen und Rückbau der Geräte flossen der Senke in einer auf 30 Jahre angelegten Entstehung jährlich rund drei Millionen Kubikmeter Wasser zu. Zunächst wurde das Ostufer ausgebaut. 1973 wurde das Naherholungsgebiet mit einer Schiffsgaststätte eingeweiht. Bis zu 30 000 Menschen kamen an heißen Tagen an die rund zehn Kilometer langen Ufer. Seit der Fertigstellung des Cospudener Sees hat sich die Nutzungssituation entspannt. Heute existieren drei Strandbereiche in Lausen, Göhren und Markranstädt. Mehrere Vereine sind am See ansässig. Ein Ferienresort mit Ferienhäusern und Campingplatz, eine Wasserskianlage und eine Segelschule haben sich etabliert. Neben den Wakeboardern und Wasserskifahrern ist auch Platz zum Tauchen. Für Taucher wurden im Rahmen eines Unterwasser-Technikparks drei lohnende Tauchziele, eine Hafenbarke, ein Leichtflugzeug und Bergbaurelikte versenkt. Dafür wurden auch drei Tauchereinstiege geschaffen. Seit 2012 wird kräftig in die Infrastruktur am Westufer in Markranstädt investiert. Es entsteht eine Promenade, die vielerlei zu bieten hat. Im sogenannten Roten Haus in der Straße am See kann der Gewässerbesucher gut speisen. Seit langem gibt es schon eine Gastronomie im ehemaligen Saalelastkahn mit dem Namen Frieda. 1972 wurde der Lastkahn auf ein Fundament am Ostufer gesetzt und als Schiffsgaststätte eingerichtet. In den Jahren 1994 bis 2002 wurde das Schiff unter dem Namen Dschunke als chinesisches Restaurant geführt. Der Brand im Frühjahr 2002 zerstörte es. Ein privater Investor baute es wieder auf. Seit dem Frühjahr 2003 liegt es als italienisch geführtes Restaurant am Strand des Kulkwitzer Sees und empfängt wieder Gäste.

Blick von Leipzig über den Kulkwitzer See in Richtung Markranstädt. Am Leipziger Ufer lädt ein Campingplatz mit einer Bungalowsiedlung Feriengäste ein. Im ufernahen Schwedenviertel gibt es Ferienbungalows im skandinavischen Stil.

Die Stadt Markranstädt – Am See

Vom Klostergut zur Strandbad-Stadt

Markranstädt befindet sich etwa zehn Kilometer südwestlich vom Leipziger Zentrum zwischen Sachsen-Anhalt und dem Leipziger Stadtteil Grünau, am Westufer des Kulkwitzer Sees. Die erste urkundliche Erwähnung Markranstädts erfolgte im Jahre 1285 als Gerichtsstuhl. Vermutlich als eine Tochtergründung des benachbarten Klostergutes Altranstädt entstanden, wird es 1287 als Marktort und 1354 als Städtchen erwähnt. Die Schlossanlage Altranstädt, heute Ortsteil von Markranstädt, wurde um 1200 als Klostergut von Mönchen des Klosters Altzella angelegt. Das dreiflügelige Schloss Altranstädt war kurzzeitig von 1706 bis 1707 das politische Zentrum Nordeuropas, als der schwedische König dort sein Hauptquartier nahm. Im Verlauf der Völkerschlacht bei Leipzig wurde die Stadt 1813 erneut stark in Mitleidenschaft gezogen. Eine wirtschaftliche Blüte erlebte Markranstädt gegen Ende des 19. Jahrhunderts. Hauptsächlich das Kürschnerhandwerk, aber auch der Maschinenbau florierte. Dazu kam eine Markranstädter Automobilfabrik, aber vor allem die Markranstädter Brauerei. Sie war bis zum Zweiten Weltkrieg bekannt für ihr »Markranstädter Pilsener«. Das Stadtwappen zeigt einen in Gold auf grünem Boden stehenden Heiligen in rotem Gewand und blauem Mantel. Es symbolisiert den Heiligen Bartholomäus, den Schutzheiligen der Stadt, mit seinen Attributen. Heute gehören 17 Ortsteile zur Stadt, die sich jung und familienfreundlich gibt. Dies belegen nicht nur die Leipziger Familien, die hier in die neuen Wohngebiete »Ranstädter Mark« und »Am See« zuzogen und die Naturnähe mit den Annehmlichkeiten einer Kleinstadt mit kurzen Wegen verbinden. Das moderne Stadtbad Markranstädts befindet sich in der Weststraße 24. Neben einem großen Schwimmbecken mit abgetrenntem Nichtschwimmerbereich, stehen den Badegästen ein Kinderbecken, Sprungtürme und Beachvolleyballplätze zur Verfügung. Am Markranstädter Ufer des Kulkwitzer Sees lädt seit Sommer 2007 ein Strandbad mit Schwimmstegen zum Baden ein.

Markranstädt: Eine lebenswerte Stadt am See. Die neuen Stege und der Hafen geben dem Ufer ein maritimes Flair.

Eines der neuesten und größten Frachtflug-Drehkreuze Deutschlands befindet sich heute mit dem überregionalen Flughafen Leipzig-Halle in unmittelbarer Nähe des Autobahnkreuzes Schkeuditz.

Der Flughafen – Aus Beton gebaut

Von Leipzig in die Welt – Historischer Flughafen

Ein eindrucksvolles modernes Autobahnkreuz liegt etwa 15 Kilometer nordwestlich von Leipzig. Hier treffen bei Schkeuditz die Autobahnen BAB 9 mit der Ost-West-Relation als BAB 14 zusammen. Täglich befahren heutzutage bis zu 118 000 Fahrzeuge das Kreuz. In unmittelbarer Nähe des Autobahnkreuzes befindet sich mit dem überregionalen Flughafen Leipzig-Halle auch eines der neuesten und größten Frachtflugdrehkreuze Deutschlands. Eine Besonderheit für die Autobahnfahrer: Sie können täglich Flugzeuge die Autobahn kreuzen sehen, die oberhalb der sechs Fahrspuren der BAB 14 rollen, da eine Rollbahn des nahe gelegenen Flughafens über die BAB 14 führt, die die älteren südlichen und die neueren nördlichen Flugbahnen verbinden. Bei Schkeuditz wurde bereits 1927 innerhalb eines Jahres ein relativ kleiner Flugplatz kreisrund für Luftschiffe angelegt und freigegeben. 1928 wurde der Flugplatz mit einer 400-Meter-Bahn zum Flughafen Leipzig-Halle erweitert, wo sich vor allem die Deutsche Lufthansa in Leipzig nun konzentrierte. Alsbald kreuzten sich hier 14 Fluglinien. 2013 konnte der Flughafen 2,1 Millionen Fluggäste zählen. Auf den nahgelegenen Flugfeldern war 1910 nachweislich bereits der Franzose Poulain gelandet. Der erste Messeflugverkehr datiert von 1919. Nach der Eröffnung 1927 hoben ab 1929 regelmäßig Junkers-Maschinen vom Typ Ju 38 von Schkeuditz ab, wo 1931 ein großer Hangar zur Wartung, ein Café im Glaspalast und eine Abfertigungshalle hinzugekommen waren. 1937 stand der Flughafen mit mehr als 40 Flugbewegungen an der vierten Stelle in Deutschland. Im Zuge des Ausbruchs des Zweiten Weltkrieges ist 1939 der zivile Betrieb u.a. auf der Strecke Berlin-Schkeuditz-Erfurt eingestellt worden. 1944 wurden wesentliche Teile des Flughafens durch Bomben der Alliierten zerstört, darunter das Café im Bauhaus-Stil. Die Flugfelder gerieten 1945 unter russische Beschlagnahme. 1957 bis 1960 wurde die Landebahn auf 2500 Meter verlängert. Erst ab 1963 hat man den Flugplatz Schkeuditz und seine Wartungseinrichtungen als »Messeflughafen« wieder nutzbar gemacht und lange Jahre saisonal genutzt.

Der Frachtflug – Umschlagplatz

Von Leipzig in die Welt – Das moderne Frachtflug-Drehkreuz

Der Schkeuditzer Flughafen hatte eine Besonderheit: Das Abfertigungsgebäude wurde nur vier Wochen im Jahr als solches für den Messeflughafen genutzt, in der übrigen Zeit war es Autobahnraststätte. Erst 1972 wurde Schkeuditz wieder ein ganzjähriger Verkehrsflughafen. 1986 landete erstmals in Mitteldeutschland das damals berühmteste Überschall-Flugzeug vom Typ Concorde aus Paris kommend. 1995 bis 2000 wurde die neue Nordlandebahn mit 3600 Metern gebaut, um einen neuen Tower und ein Flughafenfeuerwehrgebäude erweitert sowie das Terminal II in Betrieb genommen. 2003 kam das zentrale Terminal mit Anschluss an den Fernbahnhof dazu. Der Airport Leipzig-Halle wurde ab 2005 erneut für mehrere Jahre umgebaut und die Start- und Landebahn Süd etwas verschwenkt und auch auf 3600 Meter verlängert. Heute steigen hier amerikanische Soldaten auf dem Flug in Krisengebiete um. 2013 waren es täglich noch bis zu 160 GI, die Schkeuditz als Zwischenstopp nutzten. Auch AWACS-Aufklärungsflugzeuge der NATO waren 2014 unterwegs, um am Flughafen An- und Abflüge zu trainieren. Dies hatte bei Anwohnern Besorgnis ausgelöst. Die AWACS auf Basis der Boeing 707-320 sind unbewaffnete Maschinen, die ausschließlich für die Luftaufklärung und -überwachung eingesetzt werden. 2008 wurde der ausgebaute DHL-Frachtumschlagplatz in Betrieb genommen und als Drehkreuz für rund 50 bis 60 Flugzeuge pro Nacht genutzt. Heute arbeiten fast 6000 Menschen in 130 Unternehmen am Flughafen. Das Frachtgeschäft wächst weiter, 2013 zuletzt mit einem Plus von 2,7 Prozent. Der Leipzig/Halle Airport hat sich mit einem Frachtaufkommen von über 440 000 Tonnen im Jahr zum drittgrößten Frachtflughafen in Deutschland entwickelt.

Das Flugzeug der DHL wirkt wie Spielzeug aus der Luft. Der Leipzig/Halle Airport hat sich mit seinem Frachtaufkommen zum drittgrößten deutschen Frachtflughafen etabliert.

Das Autobahnkreuz Schkeuditz – Der 3-Klee

Wo sich die Münchener und die Magdeburger zuwinken können

Die ersten Planungen zu der Autofernbahn München-Leipzig-Berlin begannen im Jahr 1927. Das Autobahnkreuz entstand so jedoch erst nach dem ersten benachbarten Airport in den 30er Jahren. Von 1933 bis 1936 wuchsen, forciert vom Dritten Reich, mehr als 1000 Kilometer neue Reichsautobahnen heran. In den beiden Folgejahren bis 1938 kamen jeweils noch einmal je rund 1000 Kilometer neue Strecken deutschlandweit hinzu. In diesem Kontext ging im November 1936 das Schkeuditzer Kreuz schon in Betrieb, wurde aber baulich erst zwei Jahre später komplett fertiggestellt. Zunächst war es nur in drei Richtungen befahrbar. Die damalige Bauform glich einem vollständigen Kleeblatt, das in dieser Form erstmalig in Mitteldeutschland realisiert wurde. Es wurde auch als Renaissance-Kreuz mit nur einer Brücke bezeichnet im Unterschied zu Gotischen Kreuzen mit acht Brückenbauten. Mit der Fertigstellung weiterer Abschnitte war die heutige BAB 9 noch vor dem Ausbruch des Zweiten Weltkrieges durchgängig befahrbar. In den 90er Jahren wurde die Autobahn Berlin-Nürnberg-München dreispurig ausgebaut. Dafür musste das Schkeuditzer Kreuz erweitert werden. Für einen Teil des alten Kleeblattes wurde stattdessen ein »Überflieger« für die Verbindung von Dresden Richtung Nürnberg realisiert, welcher die komplette BAB 9 überspannt und in einem weiten Bogen an die Nord-Süd-Strecke anschließt. Dieser Umbau passierte von 1999 bis 2002 und kostete rund 77 Millionen Euro. Dafür wurden 18 000 Kubikmeter Beton und 16 000 Kubikmeter Asphalt verbaut. Nicht weit vom Schkeuditzer Kreuz hat auch der Braunkohlenbergbau seine Spuren hinterlassen. Zunächst stößt der Gast auf den Schladitzer See.

Autobahnkreuz und Flughafen fügen sich in die Landschaft bei Schkeuditz ein. Blick aus Richtung Halle nach Osten.

Der Schladitzer See – Im Nordraum

Der Besuchersee mit Strand und Meeresfeeling

Der Schladitzer See ist heute ein stadtnaher Erholungssee mit intensiver Nutzung. Er verdankt seine Entstehung dem Braunkohlenbergbau. Das Gewässer nimmt nur eine Fläche von 220 Hektar ein, hat aber besonders schöne Aspekte zu bieten. Auch am Schladitzer See verbindet ein umfangreiches Rad- und Wanderwegenetz die interessanten Orte rund um das Gewässer, unter anderem auch den Aussichtspunkt »Schaafshöhe« auf der heute bewaldeten Innenkippe. Von hier aus bietet sich ein herrlicher Blick über den gesamten See. Mit seiner guten Verkehrsanbindung soll er später ganzjährig nutzbar sein. Im Jahr 2003 konnte die erste Teilfreigabe des Bergbaufolge-Gewässers zur Nutzung erfolgen. Als der Tagebau Breitenfeld 1982 parallel zum bereits seit Jahren betriebenen Tagebau Delitzsch-Südwest aufgeschlossen wurde, sollte dies der Anfang einer rund 30-jährigen Kohlegewinnung bis fast an die Stadt Leipzig heran werden. Hauptabnehmer der Breitenfelder Kohle waren die Chemiekombinate Buna und Leuna sowie die Veredlungsanlagen und Kraftwerke im Raum Bitterfeld. Dem Aufschluss des Tagebaus Breitenfeld gingen enorm aufwändige Vorbereitungen voraus. Die Entwässerung des Abbaufeldes begann bereits 1981. Ende 1986 begann die Kohleförderung, die aber schon 1991 aufgrund der wirtschaftlichen Umbrüche eingestellt wurde. Aufgrund der großflächigen Grundwasserabsenkung, die der Tagebaukomplex Delitzsch/Breitenfeld bewirkte, nahm man 1986 eine Infiltrationsanlage zur Speisung der Grundwasserleiter unter der Stadt Leipzig in Betrieb. Über eine mehr als elf Kilometer lange Galerie von Infiltrationsbrunnen am nördlichen Stadtrand von Leipzig, die von Seehausen über Wiederitzsch bis Lindenthal reichte, wurde das Sümpfungswasser aus den Tagebauen mit Hilfe der Brunnen wieder versickert. So konnten die Grundwasserleiter zum Teil aufgefüllt werden, um Setzungsschäden im Stadtgebiet von Leipzig zu vermeiden.

Zwischen 1985 und 1990 mussten für den Tagebau Breitenfeld die Ortslagen Lössen und Schladitz mit insgesamt rund 780 Einwohnern weichen. Im Hintergrund der Werbeliner See.

Die Schladitzer Bucht – Ein Paradies

Private Investitionen für einen Surf- und Erlebnisstrand

Die Schladitzer Bucht wird durch einen privaten Betreiber bewirtschaftet. Neben dem gastronomischen Angebot gibt es eine Surfschule, eine kleine Bühne sowie einen Parkplatz. Die Bucht gilt als ein Ort, an dem es von gastronomischer Versorgung bis hin zu Übernachtungen und Aktivprogrammen Angebote gibt. Zum geplanten Endwasserstand des Schladitzer Sees fehlten 2013 noch etwa 60 Zentimeter. Im Jahr 2014 soll das Gewässer seinen endgültigen Wasserstand und mit 220 Hektar auch seine maximale Ausdehnung erreicht haben. Seit jeher war der See für eine intensive wassergebundene Erholung vorgesehen. Mit seinen attraktiven Badestränden ist er seit 2003 für die Bewohner der Anliegergemeinden und auch für die Leipziger ein lohnendes Ausflugsziel. Der sogenannte »Sportstrand« in der Schladitzer Bucht westlich von Neu-Schladitz bietet schon seit Jahren vielfältige Wassersportmöglichkeiten. Von Anfang an wird der Strand vom Wassersportzentrum All-on-Sea bewirtschaftet, das hier Kurse und einen Verleihservice für Windsurfen, Segeln und Katamaranfahren anbietet. Für Parkplatz und Strand sollen ab 2014 auch Gebühren erhoben werden, die nicht jedermann zusagen. Neben einem weitläufigen Badestrand laden Volleyballfelder zum Spielen ein. Turniere für Beachvolleyball, Strandhandball und Beachsoccer finden in der Saison regelmäßig statt. Sogar die Qualifikation für die deutschen Meisterschaften im Beachvolleyball, das Sachsenmasters, wird hier ausgetragen. 2014 wurde neben dem Campingplatz ein Wohnmobil- und Wohnwagenstellplatz fertiggestellt. Mit der wasser- und abwasserseitigen Erschließung der Schladitzer Bucht begann die LMBV im Rahmen des Verwaltungsabkommens Braunkohlesanierung im Sommer 2012. Bislang wurden mehrere Kilometer Trink- und Abwasserrohre verlegt. Nahe der Ortslagen Hayna und Wolteritz sind ebenfalls Strände angelegt worden, die vor allem von den Anwohnern genutzt werden. An der Badestelle Hayna hat sich seit einigen Jahren der »Biedermeierstrand« etabliert. Unter dem Motto »Baden wie im Biedermeier« setzt der Haynaer Strandverein dem hektischen Treiben andernorts ein neuartiges Kultur- und Naturerlebnis entgegen.

Der sogenannte »Sportstrand« in der Schladitzer Bucht westlich von Neu-Schladitz bietet schon seit Jahren vielfältige Wassersportmöglichkeiten.

Der Werbeliner See – Der Natur-Gezackte

Mit den kleinen Nachbarn Grabschützer und Zwochauer See

Der Werbeliner See ist der größte See zwischen Delitzsch und Leipzig. Er liegt westlich der B184. Er ist aus dem ehemaligen, nicht einmal zur Hälfte ausgekohlten Tagebau Delitzsch-Südwest hervorgegangen und wurde von 1998 bis 2010 aus der Neuen Luppe geflutet. Bei einer Größe von 443 Hektar sind seine Ufer mehr als zwölf Kilometer lang. Die vom Bergbausanierer angelegten Wege ermöglichen naturnahe Erkundungen einer Bergbaufolgelandschaft zwischen Werbeliner See und seinen Nachbarseen. Noch gibt es dort auf Grund des FFH-Gebietes keinen Massentourismus und man begegnet auf der Seerunde meist nur wenigen Radfahrern und Inlineskatern, die ab dem Parkplatz Brodenauendorf an der B184 starten. Ein badischer Projektentwickler möchte künftig mehr Leben an das Nordufer des Werbeliner Sees bringen. Er spricht von einem Schaufenster für die Landwirtschaft mit Erlebnis- und Genusscharakter. An den ehemaligen Tagesanlagen möchte die Stadt Delitzsch künftig zunächst einen legalen Strandbereich einrichten. Die Prüfungen dazu wurden 2014 aufgenommen. 1980 begann hier die Braunkohleförderung. Dazu mussten die Orte Kattersnaundorf, Grabschütz und Werbelin weichen. Der Dorfname Werbelin geht möglicherweise auf das altsorbische Wort »Verba« für Weide zurück. Am ehemaligen Standort der Dörfer gibt es heute einen Gedenkstein. Der Aufschluss der Tagebaue im Raum Delitzsch diente der Erschließung des Bitterfelder Oberflözes. Die Kohle aus den Tagebauen wurde bis 1993 auf einer extra gebauten Bahnstrecke nach Bitterfeld zu den Chemiewerken, Heizkraftwerken und zum Kraftwerk Vockerode transportiert. Unweit des Werbeliner Sees befindet sich das 17 Meter hohe und 160 Tonnen schwere Schaufelrad, das an die Bergbaugeschichte erinnert. Im Nordwesten des Sees gibt es ausgedehnte Flachwasserbereiche mit Inselstrukturen. Der Seeablauf wird über den Brodauer Graben zum Lober geführt. Im Osten gibt es bereits einen Bootsanleger und einen Badestrand. Neben dem etwa 450 Hektar großen Werbeliner See liegen noch der naturnahe Grabschützer See und der Zwochauer See.

Eine gezackte Uferlinie ist das Markenzeichen des Werbeliner Sees. Eine weitere Aufwertung wird das Seengebiet bei Zwochau erfahren, wenn, wie angekündigt, in 2014 der Weg vom Zwochauer See zum Schaufelrad in Angriff genommen wird.

Die Stadt Delitzsch – Mit Barockgarten

Zwischen Breitem Turm und Süßwaren

Wer auf die Stadt Delitzsch blickt, sieht vor allem ihre Altstadt und das Schloss. Der Schlosskomplex ist mit seinem Barockgarten eine Oase der Ruhe. Gäste haben an den vielen historischen Gebäuden in der Innenstadt ebenso Ihre Freude wie an den Ausstellungen im Museum und im Schulze-Delitzsch-Haus. Der ungewöhnliche Ortsname von Delitzsch verrät noch heute, dass die ersten Ansiedler Slawen waren, die wohl schon vor dem 9. Jahrhundert eine Holzburg errichteten. Zwischen 1689 und 1696 ließ Herzog Christian I. von Sachsen-Merseburg die ehemalige mittelalterliche Wettinerburg zur fürstlichen Reiseresidenz und zum Witwensitz ausbauen. Das Delitzscher Schloss ist heute das einzige Baudenkmal des einstigen Herzogtums Sachsen-Merseburg auf dem Territorium des Freistaates Sachsen und hat damit ein Alleinstellungsmerkmal. Eine Ausstellung zur Stadtgeschichte ist im höchsten Gebäude der Stadt, dem Schlossturm mit seinen 46 Metern, zu besichtigen. Er ist ein idealer Aussichtsturm und bietet beste Panoramasicht. Klein und fein liegt der Barockgarten westlich des Schlosses Delitzsch. Ab 1692 nach den Plänen des dafür verpflichteten fürstlichen Hofgärtners Andreas Gotthard Carl und auf Drängen der hier lebenden Herzoginwitwe Christiane von Sachsen-Merseburg angelegt, spiegelte er die damals neueste Gartenmode wider. Der Delitzscher Garten teilt sich in zwei Bereiche. Das sind die Allee, ein fächerförmiger Rasen und eine viergeteilte Broderie. Als Broderie bezeichnet man ein kunstvoll angelegtes Beet, das in seiner Gestaltung an Stickereien erinnert. Zusätzlich gliedern mehrere Achsen den kleinen Garten. 2008 konnte die über 20 Jahre währende umfassende Sanierung des Schlossgebäudes abgeschlossen werden. Nach umfassender Rekonstruktion ist auch der kleine Barockgarten für die Öffentlichkeit wieder zugänglich. Seit 1894 wird in Delitzsch Schokolade produziert. 2008 übernahm die Halloren Schokoladen AG den Betrieb und stellt seitdem im Ort verschiedene Schokoladenprodukte unter mehreren Markennamen her.

Die Stadt wirkt von oben sehr grün. Dazu tragen die bis zu 7500 Kleingärten in Delitzsch bei. Zum Spaziergang locken jedoch nicht nur die Gartenanlagen, sondern auch der naheliegende Stadtpark und die Promenade am Wallgraben.

Die Erneuerbaren – Windfänger in Scharen

Zwischen Wind- und Solarparks

Windräder prägen seit einigen Jahren die Region. Delitzsch ist in die rund 120 Kilometer lange Radroute »Kohle-Dampf-Licht« zwischen der Lutherstadt Wittenberg und Leipzig eingebunden, die 160 Jahre Bergbaugeschichte erlebbar macht. Der Radwanderweg führt über Asphalt, Naturwege und Kopfsteinpflaster auch an den südlich und nördlich gelegenen Bergbaufolgeseen vorbei. Zwischen Delitzsch und Bitterfeld sind heute auch alternative Energieerzeuger, darunter mehrere Windkraft- und Solaranlagen zu finden. Um Delitzsch und Bitterfeld ist seit der Jahrtausendwende ein Aufwuchs von Wind- und Solarparks erfolgt. Zur Windenergienutzung in der Planungsregion Anhalt-Bitterfeld-Wittenberg wurde 2012 der entsprechende Teilplan weiter diskutiert. Weitere acht Windenergieanlagen sind u.a. schon bei Gödnitz beim Landkreis Anhalt-Bitterfeld im Oktober 2013 beantragt worden. In der Region um Delitzsch haben sich auch schon in der Vergangenheit einige Flügel bewegt. Dazu gehörte die ehemalige Walzenmühle in Delitzsch nicht. Sie wurde 1875 als dampfbetriebene Industriemühle erbaut; zum Ensemble gehören außerdem ein Speichergebäude, Silo, mehrere Nebengebäude und die ehemalige Fabrikanten-Villa. Der Mühlbetrieb wurde bis zur Weltwirtschaftskrise 1929 aufrechterhalten. Nach dem Zweiten Weltkrieg wurde die Mühle vom Volkseigenen Erfassungs- und Aufkaufbetrieb als Sammel- und Lagerstelle genutzt. Weitere Informationen zur Mühlenregion gibt es unter www.muehlen-nordsachsen.de. Heute steht ein Windpark mit 14 Windrädern mit bis zu 17 MW Leistung in Zörbig. Seit 2000 drehen sich vier Windkraftanlagen in Delitzsch-Schenkenberg. Bei Bobbau westlich von Jeßnitz stehen seit 2007 elf Windmühlen mit einer Turmhöhe von bis zu 100 Metern und einer Leistung von insgesamt etwa 20 MW. Im Windpark Roitzsch wuchsen seit 1999 Schritt um Schritt bis zum Jahr 2006 neun Anlagen unterschiedlichen Typs mit über zwölf MW Leistung.

Eine moderne Windparkanlage bei Halle. Im Hintergrund die Hochhaustürme von Halle-Neustadt und das Kerngebiet von Halle. Ähnliche Windparks sind bei Delitzsch entstanden.

Der Seelhausener See – Der Überlauf-Sachse

Das sächsische Gewässer im Goitzsche-Verbund

Der sächsische Seelhausener See besitzt mit rund 634 Hektar Wasserfläche nur knapp die Hälfte der Fläche seines drei Jahre älteren anhaltischen Nachbars, des Großen Goitzschesees. Dennoch zählt er zu den abwechslungsreichsten Bergbaufolgeseen im Bitterfelder Raum. Der Seelhausener See ist im Restloch des ehemaligen Braunkohletagebaus Rösa entstanden. Zielgerichtet wurde er seit Juli 2000 aus der Mulde über eine Rohrleitung mit einer Wassermenge von einem Kubikmeter pro Sekunde gefüllt. Durch das Hochwasser im Jahr 2002 wurde die Flutungsleitung zum ersten Mal zerstört. Seit diesem Ereignis speiste Wasser aus dem Lober-Leine-Kanal den neu entstehenden See. Der namensgebende Ort Seelhausen lag vor dem Beginn der bergbaulichen Tätigkeiten am Rande des sogenannten Gottsche Waldes. Die Leine floss nur wenige Meter entfernt am Dorf vorbei. Ein Geflecht aus feinen Wasserarmen umschloss den kleinen Ort. Etwas flussaufwärts lag das Nachbardorf Sausedlitz. Im Juli 2000 begann die Flutung des Tagebaurestloches Rösa mit Wasser aus der Mulde. Der Seelhausener See entstand. Mit seinen teilweise markanten Steilufern zählt er zu den abwechslungsreichsten Standgewässern in Mitteldeutschland. Perspektivisch könnte der See ein Wassersportrevier werden. Im Jahr 2005 erreichte der Seelhausener See seinen Zielwasserpegel und ein Volumen von 74 Millionen Kubikmeter. Seit 2001 wurde im Auftrag der Gemeinde Löbnitz auch ein Struktur- und Entwicklungskonzept für den Seelhausener See mit seinen rund 15 Kilometer langen Ufern erstellt. Der Strandbereich Löbnitz mit den unmittelbar im Hinterland liegenden ehemaligen Tagesanlagen sollte den wichtigsten Entwicklungsschwerpunkt des Seelhausener Sees bilden. Die LMBV bereitete seit Ende 2008 dafür die Uferbereiche vor. Für den Entwicklungsbereich Sausedlitz war eine eher ruhige Erholungsnutzung mit Bootsanlegestelle, Badeinsel, Spielplatz und Wochenendhäusern vorgesehen. Auch wenn es im Moment noch wie Zukunftsmusik erscheint, bestehen langfristig nach wie vor wassersportliche Perspektiven mit einer angestrebten schiffbaren Verbindung zum Großen Goitzschesee.

Das erneute Durchbrechen der Mulde beim Hochwasser 2013 in das Restloch Rösa hat die touristischen Ausbaupläne vorerst vereitelt. Zunächst wurden der Verbindungsweg am östlichen Seeufer und die Straße nach Pouch wieder repariert. Die Durchbruchstelle befindet sich am oberen Bildrand.

Der Holzweißiger See – Mit grünen Nachbarn

Die kleinen Naturnahen zwischen Leopold und Ludwig

Der Holzweißiger See verdankt seinen Namen einer Ortschaft. Die Siedlung Holzweißig liegt zwischen Leipzig und Dessau-Roßlau am Rande vom Bitterfelder Bergbaurevier, welches in den 1990er Jahren in die Sanierung überführt wurde. Seit Juli 2007 gehört Holzweißig zur Stadt Bitterfeld-Wolfen. Südlich und östlich des Ortsteils grenzt eine Bergbaufolgelandschaft an. In diesem Seen- und Waldgebiet ist der Große Goitzschesee der größte der benachbarten Seen, die nächstgelegenen Gewässer sind der Holzweißiger See und der Ludwigsee. Der südlich vom Holzweißiger See gelegene und etwa mit dem Paupitzscher See gleichgroße Ludwigsee hat eine Fläche von etwa 86 Hektar. Auch er blieb dem natürlichen Grundwasserwiederanstieg überlassen. Schon bald nach den ersten Braunkohlefunden in diesem Gebiet um 1804 wurde der Ackerboden als Spekulationsobjekt und später als Kohlefeld genutzt. Die angebrochene Braunkohlenkonjunktur hatte zur Folge, dass in den Jahren von 1845 bis 1850 sechs neue Gruben aufgeschlossen wurden. Bekannt sind vor allem die Grube Leopold und die Deutsche Grube. So hat sich Holzweißig sowie das gesamte Umland durch die Braunkohleförderung von Grund auf gewandelt, da die Wälder und Felder dem Bergbau zum Opfer fielen. Die weitere Wirtschaftsstruktur der Gemeinde wurde zum größten Teil durch die chemieindustrie in Bitterfeld und Wolfen beeinflusst. Angeregt durch die Ansiedlung der Chemischen Werke im Raum Bitterfeld, errichtete die im Jahr 1889 in Edderitz gegründete Aktiengesellschaft Leopold ein neues Werk bei Bitterfeld und schloss als ersten eigenen Tagebau im Bitterfelder Raum im Jahr 1908 den Tagebau Leopold auf. Dies war der Anlauf für den industriellen Braunkohlenabbau im Bitterfelder Raum. Die Entwicklung des Braunkohlenbergbaus und der Kohlenveredlung wurde ab 1910 durch den Bau erster Großkraftwerke noch beschleunigt. Der Tagebau Leopold nahm bis 1934 rund 177 Hektar Land in Anspruch.

Der Holzweißiger See ist eine echte Perle der Natur. Er liegt jedoch weit ab von Alltagslärm und Straßenverkehr. Für Neugierige ist er noch ein echter Geheimtipp.

Der Paupitzscher See – Der Naturnahe

Der naturnahe See für Grauammer und Neuntöter

Der Paupitzscher See ist ein etwa 80 Hektar großer Bergbaufolgesee, der aus dem ehemaligen Tagebau Goitsche entstand. Die Bedarfsveränderung an fossilen Brennstoffen nach der deutschen Wiedervereinigung führte zu einem sofortigen Ende der Braunkohleförderung, so dass der Tagebau Goitsche 1991 stillgelegt wurde. Die Füllung des Sees durch Grundwasseraufgang erfolgte von 1993 bis 2006. Der See gehört heute zum 1990 festgesetzten Naturschutzgebiet Paupitzscher See. Die Ufer sind rund vier Kilometer lang. An der tiefsten Stelle ist das Gewässer rund 21 Meter tief. Für den diese Hohlform schaffenden Tagebau wurde 1975 der Ort umgesiedelt und 1976 zur Kohlegewinnung abgetragen. Nördlich des Paupitzscher Sees liegen die verbundenen Holzweißiger und Zöckeritzer Seen. Östlich sind der viel größere Seelhausener See mit 634 Hektar, südlich der ebenfalls flächenmäßig ausgedehntere Neuhäuser See mit 155 Hektar gelegen. Mitte des 19. Jahrhunderts begannen die ersten bergbaulichen Aktivitäten im Südwesten der Goitzsche, nahe den Ortschaften Petersroda und Holzweißig. Dem Braunkohleflöz folgend, bewegte man sich mit dem Abbau von West nach Ost. Für die Grube Goitsche bei Bitterfeld wurde 1975 der Ort Paupitzsch abgerissen und umgesiedelt. 1964 lebten rund 689 Einwohner dort, die weichen mussten. Die Flächen wurden nach Delitzsch eingemeindet. An Paupitzsch erinnern heute ein eisernes Kreuz und ein Findling am Standort der ehemaligen Kirche. Bereits um 1218 wird in Pupicz oder Paupitsch – in alter Schreibweise – von einem Herrensitz berichtet, der 1418 sowie 70 Jahre später als Rittersitz bezeichnet wurde. Seit 1565 existiert der Dorfname Paupitzsch. 1551 lebten 30 Einwohner dort, 1880 waren es schon 291. Um 1850 war Paupitzsch noch ein an der Leine gelegenes kleines Gassendorf unweit der Schwedenschanze. Das Wasser der Leine wurde genutzt um Fischteiche aufzustauen und Fischzucht zu betreiben. Mit insgesamt sechs Teichen war Paupitzsch das wasserreichste Dorf dieser Gegend. Neben der Kirche existierten ein Krieger-Denkmal im Ort und der nahe dörfliche Schafteich.

Der Paupitzscher See liegt nördlich der Kreisstadt Delitzsch und südlich der anhaltischen Einheitsgemeinde Bitterfeld-Wolfen. Das Gewässer ist Teil des Landschaftsschutzgebietes Goitzsche.

Der Bitterfelder Bogen – Die Stahlskulptur

Eine Metallkonstruktion als Aussichtspunkt auf die Goitzsche

Die Hochkippe zwischen Holzweißig und Bitterfeld verdankt dem Braunkohlenbergbau seine Entstehung. Erst seit wenigen Jahren ziert dort ein besonderes Wahrzeichen die Stadtkulisse von Bitterfeld. Die Stahlkonstruktion oberhalb der Stadt erinnert an deren lange Industriegeschichte. Sie ist dem Drängen des Architekten Prof. Claus Bury und Fördermitteln des Landes Sachsen-Anhalt zu verdanken. Innerhalb von zwei Jahren wurde die im Jahr 1997 entwickelte Idee des aus Frankfurt am Main agierenden Burys auf der Hochkippe umgesetzt. Dafür wurden seit 2004 rund 525 Tonnen Stahl von einer Stahlbaufirma verbaut, ehe der Ministerpräsident und der Architekt gemeinsam mit Landrat und anderen Ehrengästen im August 2006 den Weg für die Besucher freigeben konnten. Von weitem erinnert die 28 Meter hohe Konstruktion an zwei gegeneinander gelegte Blätter eines überdimensionalen Schwibbogens oder steht symbolisch auch für eine Brücke in die Zukunft. Als begehbares Kunstwerk zielt es darauf ab, Gäste auf einem leicht geneigten, quasi gewendelten Zickzack-Weg über fünf schräge Ebenen auf 540 Meter Länge zu einer Aussichtsplattform zu bringen. Auf diesem Weg über Gitterroste, die an die Wege auf Bergbaugroßgeräte erinnern, eröffnen sich immer neue und weiterreichende Blicke in die Tiefe, aber auch auf die Stadt und die nahegelegene Bergbaufolgelandschaft. Jede Biegung hat eine kleine Plattform zum Schauen und Ausruhen auf Bänken. Vom Endpunkt der letzten Rampe hat man heute einen weiten Blick über die Region. Der Gesamtbogen staffelt sich dreifach und ist bis zu 14 Meter breit. Die Bogenkonstruktion erstreckt sich auf einer Breite von 81 Metern. Sie ist auf zwei Wanderwegen sowohl von Holzweißig als auch von Bitterfeld erreichbar. Der Bogen hat als Adresse den Panoramaweg. Heute gilt der Bitterfelder Bogen auf der 30 Meter hohen Hochkippe als neues Wahrzeichen der Industrieregion, die auch den Wandel vom Chemie- und Braunkohlerevier hin zu einer modernen Produktions- und Forschungslandschaft wie auch Natur- und Freizeitregion symbolisiert.

Die Stahlskulptur im Vordergrund verkörpert den Aufbruchsgedanken, den die Menschen in die politische Wende der 1990er Jahre legten. Seit der Installation ist das Bitterfelder Motto »Wir haben den Bogen raus« schon ein geflügeltes Wort geworden.

Die Stadt Bitterfeld-Wolfen – Chemieindustrieort

Wo ein Chemiepark auf die Goitzsche trifft

Die Stadt Bitterfeld-Wolfen ist mit rund 45 000 Einwohnern eine der größten Städte Sachsen-Anhalts. Sie trägt den Beinamen »Die Grüne Industriestadt am See«. Im Nordosten grenzt das Stadtgebiet an den Muldestausee. Insbesondere die Ortsteile Bitterfeld und Holzweißig, sowie die Gebiete um Sandersdorf und Zscherndorf sind einst vom Bergbau umringt worden. Die Bergbaugruben sind in den meisten Fällen wieder verfüllt worden und darauf bzw. in den Randbereichen sind Siedlungen entstanden, wie die Siedlung Zscherndorf, aber auch die Kraftwerksiedlung im Ortsteil Bitterfeld. Bitterfeld hat eine lange eigene Geschichte, bevor es die Ehe mit der Partnerin Wolfen einging. Es war eine Einsicht in die Notwendigkeit und die klare Vorstellung über die schwierige Zukunft, als die Städte Bitterfeld und Wolfen mit den Umlandgemeinden Thalheim, Holzweißig und Greppin im Sommer 2007 zur Stadt Bitterfeld-Wolfen fusionierten. Aber auch rauchende Essen, schlechte Luft und weite Braunkohlengruben gehören zur Geschichte der Kommunen. Heute ist sie aber auch der Standort von modernen Chemie- und Solarindustrieansiedlungen und hat mit dem »Bitterfelder Meer« etwas ganz Anderes und Neues zu bieten. Der Start für die Chemieindustrie in der Region hängt mit dem Jahr 1893 und mit Walter Rathenaus Elektrochemischen Werken zusammen. Der Weitsicht und Vorstellungskraft dieses bekannten Geschäftsmannes, Wissenschaftlers und Politikers verdankt Bitterfeld-Wolfen einiges. Innerhalb weniger Jahrzehnte wurde die Region nicht nur zu einem Zentrum der Industrie, sondern auch zu einem der Innovation, wo zum Beispiel Kunststoffe, synthetische Edelsteine, Filme und die allerersten Chemiefasern entstanden. Und im Chemiepark wird weitergeforscht. Aber auch traditionelle Produkte entstanden hier, wie zum Beispiel der Greppiner Klinker. Mit diesem wurden viele ansehnliche Gebäude in Deutschland, aber auch darüber hinaus, verkleidet. Bitterfeld-Wolfen war vor und während des Ersten Weltkrieges auch ein Zentrum der Luftschifffahrt, noch heute treffen sich hier regelmäßig Ballonfahrer zu Wettbewerben.

Die Stadt Bitterfeld-Wolfen ist heute die viertgrößte Stadt des Landes Sachsen-Anhalt. Das Stadtgebiet ist umgeben von größeren und kleineren Seen. Hierbei handelt es sich auch um ehemalige Tagebaurestlöcher.

Die Bitterfelder Küste – Bernstein-Fundstätte

Wo der Bernstein eine Heimat hat

Der Große Goitzschesee südlich von Bitterfeld wird von den Anrainern in den südlichen Döberner See, den westlichen Niemegker See und den nördlichen Bernsteinsee unterteilt. Der Große Goitzschesee wurde ab 1999 planmäßig und ab 2002 unverhofft schnell geflutet. Die verbliebenen Hohlformen des vormaligen Braunkohlenkombinates Bitterfeld erstreckten sich über Sachsen-Anhalt und Sachsen. Der heutige Goitzschesee befindet sich nur auf dem Gebiet Sachsen-Anhalts an der Grenze zu Sachsen. Der hergestellte Hohlraum wurde bis 2006 saniert und ist nun ein sehr attraktives Erholungs- und Naturschutzgebiet. Seit 2005 ist der See für Wassersport und touristische Nutzung freigegeben. Das Angeln ist mit einem Fischereischein an einigen Stellen bereits gestattet. Die weitläufige Uferzone mit Festplatz, Badestränden, einem Hafenbecken und dem Pegelturm ist einen Besuch wert. Große Teile des Sees im Bereich der Bärenhof-Insel wurden vom Bund für Umwelt und Naturschutz erworben und sind als Naturschutzgebiet ausgewiesen. Ein Teil des Goitzschesees führt zu Recht noch den Namen Bernstein-See. Hintergrund ist die große Fundstelle von Bernsteinvorkommen am Rande des Braunkohlentagebaus, der später als Rohstoff zu Tage gebracht wurde. Diese Fundstelle wurde in den 70er und 80er Jahren des vorangehenden Jahrhunderts regelrecht maschinell ausgebeutet. Die unter staatlicher Geheimhaltung ab 1975 zunächst im Handabbau und später in einer Nasswäsche zu Tage gebrachten Bernsteine in einer Größenordnung von insgesamt bis zu 800 Tonnen (einige Quellen sprechen nur von 400 Tonnen) deckten jahrelang einen großen Teil des Schmuckindustriebedarfes im Osten Deutschlands und wurden wohl auch als Ostsee-Bernstein in den Verkehr gebracht. 1993 endete die industriell gestützte Förderung des braunkohlezeitlichen Harzes bei Bitterfeld. Rund 1000 Tonnen werden noch im Boden vermutet. Eine Neuauflage der Förderung in den 2000er Jahren wurde mit Tauchgängen evaluiert, jedoch als nicht genehmigungsfähig und unprofitabel wieder verworfen. Heute kann man sich im Bernstein-Keller des Kreismuseums in der Stadt Bitterfeld auch über die Geschichte der Bernsteinfunde bei Bitterfeld ausführlich informieren.

Der Große Goitzschesee südlich von Bitterfeld ist im Komplex mit den anderen Bergbaufolgeseen heute ein Gewässergebiet, welches derzeit noch das größte nutzbare Seengebiet in Sachsen-Anhalt darstellt.

Der Große Goitzschesee – Fluterfahren

Wo die Mulde 2002 überlief

Doch nicht nur positive Ereignisse spielten bei der Entwicklung der Goitzsche eine Rolle. Die Jahrhundertflut an der Mulde im August 2002 hinterließ auch in der Goitzsche ihre Spuren. Mitte August erreichte die Flutwelle der Mulde die Region um Bitterfeld. Von Osten drückte das Wasser in den damals noch nicht fertigen »Großen Goitzschesee«, und der zu flutende Bereich füllte sich innerhalb von zwei Tagen mit Wasser. Die Flutschäden in den Uferbereichen der Goitzsche waren erheblich. Ihre Beseitigung erforderte beachtliche menschliche und finanzielle Ressourcen. Zur Erinnerung an die ungezählten mitwirkenden Freiwilligen beim Sandsackfüllen und Verbau wurde in der Nähe des Bitterfelder Hafens an der Stelle des größten Sandsackdammes eine »Blaue Bank« mit einer Länge von insgesamt 66 Metern errichtet. Die zahlreichen Namensschilder auf der Bank stehen stellvertretend für die vielen unermüdlichen Helfer dieser Zeit. Noch ein zweites Ereignis hat sich in der jüngsten Geschichte der Goitzsche ereignet: Der Orkan Kyrill vom Januar 2007 zerstörte auch die schwimmende Seebrücke zum Pegelturm. 2009 mussten daher neue Finanzmittel organisiert werden, um die Seebrücke wieder zu ertüchtigen. Da konnten auch die eisernen Wächter der Goitzsche nicht helfen. Im Bereich der »Goitzsche-Wildnis« waren von dem Künstler Anatol Herzfeld nämlich sogenannte »Wächter der Goitzsche« geschaffen worden. Angeordnet in einem Kreis wurden zehn überlebensgroße Mannsbilder aus Stahl mit rotem Brustschild und roten Fahnen aufgestellt. Sie symbolisieren die Bewahrung dessen, was in der Goitzsche an Interessantem und Wertvollem entstanden ist und noch entstehen wird. Die angedachte schiffbare Verbindung zwischen dem Seelhausener See und dem Großen Goitzschesee erfordert noch erhebliche finanzielle und planerische Mittel, die bislang noch nicht aufgebracht werden konnten. Zweifellos wäre jedoch die Realisierung dieses anspruchsvollen Projektes, inklusive des Baus einer Schleuse zwischen beiden Seen, ein wichtiger Beitrag zur Erhöhung der Attraktivität der gesamten Goitzsche. So würde ein großes zusammenhängendes und Ländergrenzen überschreitendes Wassersportrevier entstehen.

Ein Gesamtüberblick über den Großen Goitzschesee aus Richtung Seelhausen. Im oberen Bildabschnitt sind die Halbinsel Pouch und die Stadt Bitterfeld erkennbar.

Die Bitterfelder Wasserfront – Seewohnen

Neues Wohnen am stadtnahen Goitzsche-Ufer

Bitterfeld galt lange als dreckigster Fleck der DDR. Mit der Wiedererstehung der Goitzsche liegt Bitterfeld-Wolfen nun unmittelbar an einer neu gestalteten Seenlandschaft – einem Paradies für Erholungssuchende und Wassersportler. 1999 begann die Umsetzung eines der weltweit größten Landschaftskunstvorhabens – die Sanierung der Goitzsche. Mit der Flutung der Tagebaurestlöcher des Abraumgebietes Goitzsche war im Mai 1999 von der LMBV begonnen worden. Ab Juni desselben Jahres startete der Bau des Pegelturmes und der Seebrücke. In den folgenden Jahren wurde u.a. die »Villa am Bernsteinsee« saniert und die stadtnahe »Bitterfelder Wasserfront« eröffnet. Gerade dieser rechtwinklige Uferbereich, im Volksmund »Wasserfront« (wegen der Flutgrenzen) genannt, grenzt unmittelbar an die Wohnbebauung und ist der zum Stadtkern von Bitterfeld nächstgelegene Punkt an der Goitzsche. Er hat sich vor allem durch verschiedene Veranstaltungen einen Namen gemacht. Ausgangspunkt für das Projekt »Bitterfelder Wasserfront« war ein durch die EXPO 2000 in Sachsen-Anhalt ausgeschriebener Gestaltungswettbewerb. Neben der ökologischen Sanierung der Bergbaufolgelandschaft sollte in Bitterfeld-Wolfen eine Standortverbesserung für Tourismus und Freizeit erreicht werden. Das Wasserfront-Projekt wurde durch den Zweckverband »Bergbaufolgelandschaft Goitzsche« initiiert und mit verschiedenen Partnern umgesetzt, wobei die Stadt Bitterfeld-Wolfen Projektträger ist. Schlüsselmaßnahme für die städtebauliche Entwicklung war die Ufergestaltung am neuen Goitzschesee. In fußläufiger Entfernung vom Stadtkern Bitterfelds wurde der Seeuferbereich landschafts- und städtebaulich neu gestaltet. Das Rückgrat der Wasserfront bildet eine 2000 Meter lange Uferpromenade, die sich vom Stadtrand bis zum wassertouristischen Zentrum mit Marina erstreckt. Stadtseitig bilden das Wohnquartier Hafenvorstadt und das neue Hafenbecken mit Festplatz den Auftakt der Promenade.

Heute dominiert das »Neue Wohnen am Bitterfelder Meer«. 2010 war Baubeginn für das Wohnquartier am Stadthafen.

Die Bernsteinvilla – Schickes Hotel

Der neue Yachthafen und eine Herberge an der Goitzsche

Wichtiges Element der Goitzsche-Ufergestaltung ist die ehemalige Biermann'sche Villa. Sie heißt seit ihrer Wiedereröffnung als Hotel »Villa am Bernsteinsee«. Das verklinkerte chaletartige Gebäude wurde am neu entstandenen Yachthafen zu einer bekannten Hotelanlage mit mehreren individuell eingerichteten Appartements und einem umfassenden Tagungsbereich entwickelt. Die 1896 im Stil der Neorenaissance erbaute Fabrikantenvilla gehört zu den repräsentativsten Gebäuden des Historismus in der Region Bitterfeld. In den Räumen und im Treppenhaus finden sich Elemente der Neorenaissance und der Neugotik. Einige Innenwände sind mit einem Obstfries verziert, welcher aus der Epoche des Jugendstils stammt. Die Villa wurde ursprünglich für den Jeßnitzer Fabrikanten Biermann errichtet und tatsächlich bis zum Ende des Zweiten Weltkriegs von der Unternehmerfamilie Biermann als repräsentatives Anwesen zu Wohnzwecken genutzt. In der Zeit bis 1989 war das Gebäude Volkseigentum. Es diente als Wohnhaus für bis zu zehn Familien unmittelbar am Tagebaurand. Nach 1990 wurde die neben der Villa gelegene Papierfabrik geschlossen. Beide Gebäude standen dann für längere Zeit leer. Sie verfielen und wurden durch Vandalismus und zwei Brände stark beschädigt. Die Villa stand schon zeitig unter Denkmalschutz und wurde trotz des Braunkohlenabbaus in unmittelbarer Nähe als Gebäude baulich nicht verändert. 1999 wurde die Villa von der Sparkasse Bitterfeld erworben, um Maßnahmen zur Erhaltung einzuleiten und sie im Rahmen einer städtebaulichen Gesamtkonzeption der Kulturlandschaft Goitzsche einzubinden.

Nach Investitionen von mehr als zwei Millionen Euro ist die Bernstein-Villa ein hochrangiger Sachzeuge der Industriegeschichte. Mit ihrem Standort direkt am Ufer hat sie eine günstige Lage. Der angrenzende Yachthafen ist gut gefüllt.

Insgesamt führen 144 Stufen wendelförmig auf die oberste Plattform hinauf. Zur Absturzsicherung wurde ein Edelstahlseilnetz, welches einem überdimensionalen Damenstrumpf gleicht, über den gesamten Turm gezogen.

Der Bitterfelder Pegelturm – Landart

Eine aufschwimmende Aussichtsplattform auf der Goitzsche

Das erste errichtete und zugleich bekannteste Projekt der Goitzsche ist der Pegelturm, der im Dezember 2000 offiziell eröffnet wurde. Noch immer ist er mit seinem als Seebrücke ausgeführten Zugang eine Besonderheit und Anziehungspunkt Nr. 1 am Großen Goitzschesee. Der Pegelturm schwimmt auf der Wasseroberfläche mit dem Wasserstand auf und ab. Den Auf- und Abgang im Pegelturm erlauben zwei gegenläufige Wendeltreppen. Der Pegelturm wurde von Juni 1999 bis Juni 2000 aus Stahl errichtet. Die Baukosten beliefen sich auf etwa 2,6 Millionen Euro. Der schwimmende Turm hat sich zwischenzeitlich zum Wahrzeichen der Goitzsche entwickelt. Er schraubt sich mit seinen 26 Metern Höhe, im Bernsteinsee schwimmend, in den Himmel und erinnert so an die Bergbaugeschichte im Umfeld. Die beliebte 190 Meter lange Pontonbrücke, über die man den Pegelturm ursprünglich erreichen konnte, wurde bei einem Orkan im Jahr 2007 erheblich zerstört. Im April 2009 hat man mit den Arbeiten für die neue Seebrücke begonnen. Dafür wurden 18 neue Pfeiler in den Boden gerammt. Seit Juni 2009 ist die erneuerte Seebrücke für die Besucher wieder geöffnet. Der Brückensteg besteht nur noch aus elf Brückenteilen. Der Zugang zum Pegelturm wird über eine Pontonlänge von 15 Metern bei einer Breite von vier Metern erreicht. Jeder Ponton ist rund 35 Tonnen schwer und besteht aus einem mit Beton ummantelten Styroporblock sowie einem Metallgeländer. Die Ersatzbaukosten beliefen sich auf fast 600 000 Euro.

Das Spring Break-Festival – An der Agora

Wo Landart auf Musik trifft

Der Große Goitzschesee umschließt zusammen mit dem Muldestausee die im Zentrum der Landschaft liegende Ortschaft Pouch. Auf der Halbinsel Pouch haben nationale und internationale Künstler Landschaftskunstwerke geschaffen, die die Tagebautätigkeit nicht vergessen lassen, sondern die Erinnerungen daran bewahren sollen. Die Gestalt und Form der Goitzsche-Landschaft hat sich im Laufe der vielen Jahre wie bei einem »Häutungsprozess« mehrmals verändert. Diese Thematik beschäftigte auch den Künstler Hartmut Renner aus Halle. Ihn interessierte vor allem die sensible Wahrnehmung von Räumen und Strukturen. So erhielt die Halbinsel im nördlichen Bereich eine Patchwork-Haut. Etwa 30 farblich und vom Material her unterschiedliche Flächen sollen symbolisch an den Wandlungsprozess erinnern. Im alten Griechenland waren Agoren beliebte Versammlungsorte für das Volk. Professor Siegfried Knoll und Andres Bosshard entwickelten die Idee für ein AGORA-Park-Konzept auf der Halbinsel Pouch. Die AGORA ist ein eigener Erlebnisort mit einer Vielzahl von Schwerpunkten: Sport und Spiel, Kunst und Geschichte, Botanik und Erholung, Ruhe und Lautstärke. In den Frühjahrs- und Sommermonaten ist die AGORA ein beliebter Ort zur Entspannung und ein idealer Platz für Veranstaltungen unter freiem Himmel. Alljährlicher Höhepunkt auf der Halbinsel Pouch ist das von der MDR-Jugendwelle Sputnik seit 2008 organisierte »Spring Break-Festival«, das aus dem Festival »Sputnik Turntable Days« hervorging. Der Poucher Festivalname rührt sicherlich vom Termin her, da es jährlich am Pfingstwochenende läuft. Dann treffen sich 10 000 Jugendliche, um gemeinsam Musik zu hören und zu campen. Im Jahr 2012 kamen etwa 17 000 Besucher, 2013 waren es schon 25 000 Musikfans. Nicht nur das Festival belebt die Halbinsel. Es finden auch klassische Konzerte in der Agora statt. Zu Motorboot-Wettkämpfen, darunter auch Weltmeisterschaftsläufen, kommen ebenfalls viele Besucher. Nicht nur Motorsportfreunde kommen hier seit 2004 auf ihre Kosten, auch Volksfestbesucher und Buchliebhaber strömen in die Region. Am zweiten Augustwochenende wurden schon bis zu 100 000 Besucher beim Goitzsche-Fest, einem der größten Volksfeste in der Region, gezählt.

Alljährlicher Höhepunkt auf der Halbinsel Pouch ist das von der MDR-Jugendwelle Sputnik seit 2008 organisierte »Spring Break-Festival« mit mehr als 25 000 Musikfans rund um die Agora.

Die Goitzsche Wildnis – Naturrefugium

Wo der Bergbaufolgewald zur Wildnis wird

Für ihr Engagement für die »Goitzsche-Wildnis« hat Sachsen-Anhalts frühere Umweltministerin Dr. Heidrun Heidecke den Deutschen Naturschutzpreis 2012 erhalten. Der mit 10 000 Euro dotierte Ehrenpreis wurde im Oktober 2012 in Bonn vom damaligen Bundesumweltminister verliehen. Dr. Heidecke war von 1994 bis 1998 Umweltministerin in Sachsen-Anhalt. Von 1996 an führte sie für zwei Jahre auch das Landwirtschaftsressort. Derzeit ist sie immer noch für den Bund für Umwelt und Naturschutz Deutschland in Bitterfeld tätig. Die Diplompädagogin für Biologie und Chemie engagiert sich stark für das Projekt »Goitzsche-Wildnis«. Längst hat sich die Wildnis in vielen Bereichen des früheren Braunkohletagebau Goitsche »breitgemacht«. Heidecke setzte sich dafür ein, dass 1300 Hektar wertvolle Naturschutzflächen bei Bitterfeld von der LMBV über eine BUND-Stiftung erworben und damit gesichert werden. So ist innerhalb von zehn Jahren aus dem Tagebaurestloch nicht nur ein großer Bergbaufolgesee, sondern auch ein Naturschutz- und Naherholungsgebiet geworden. Einige Gäste besuchen auch die Nachbarorte Mühlbeck und Friedersdorf. Im Jahr 1997 wurde dort das gemeinsame »Buch-Dorf« Mühlbeck-Friedersdorf aus der Taufe gehoben. Unter dem Begriff Bücherdorf ist eine Vielzahl von Buchläden und spezialisierte Antiquariaten in der Dorfstruktur entstanden. Begonnen hat es mit ersten Buchläden in der ehemaligen Grundschule und anderen nicht mehr genutzten Objekten, wie der alten Schmiede, der Bäckerei, des Dorfkonsum und einem alten Stall. Zwischenzeitlich gab es bis zu zwölf solche buchaffinen Einrichtungen. Zusätzlich ist im renovierten Pfarrhaus eine Geschichtsstube entstanden.

Innerhalb von zehn Jahren ist aus dem Tagebaurestloch nicht nur ein großer Bergbaufolgesee, sondern auch ein Naturschutz- und Naherholungsgebiet geworden. Die Bärenhofinsel liegt im Zentrum.

1962 wurde zugunsten des Tagebaus die Fernstraße 100 verlegt und direkt durch Pouch geführt. Heute hat sich dieser jahrelange Nachteil in einen Vorteil gewandelt – der Ort liegt unmittelbar am Großen Goitzschesee und dem Muldestausee.

Der Poucher Turm – Landmarke

Eine Halbinsel nach dem Braunkohlentagebau lebt

Pouch war bis Mitte der 1990er Jahre eine Halbinsel des Braunkohlentagebaus Goitsche und bietet heute vom Gutshaus, der ehemaligen Schlossruine und dem nahegelegenen 26 Meter hohen Roten Turm eine wunderbare Aussicht auf eines der größten Landschaftsprojekte. Über 105 Stufen erreicht man diese Aussichtsplattform auf dem Bergfried. Von hier aus blickt der Besucher südlich über die künstliche und trotzdem naturnahe Seenlandschaft. Dieser Turm aus dem 13. Jahrhundert gehörte im Mittelalter zu einer Burg am Steilufer der Mulde, die der Mittelpunkt eines Burgwards war, der zum Bistum Meißen gehörte. So wird ein Burgward Otto von Pouch 1170 in erhaltenen Quellen erwähnt. Der mit Zinnen ausgestatte Wehrturm wurde an der Westseite des Burgplateaus erbaut. In einer Sage wird auf eine Becherwette des Ritters Hans von Pouch Bezug genommen. Das Dorf selbst führt seine Geschichte bis auf das Jahr 981 zurück. Ein weiteres Wahrzeichen von Pouch ist die Kirche, die im 13. Jahrhundert gebaut wurde. Bekannt wurde Pouch auch als Hochzeitsort des späteren bekannten Landschaftsgestalters in der Lausitz, des Grafen von Pückler mit einer von Solm. Der Reichsgraf Konstantin zu Solms-Sonnewalde baute 1868 das Schloss im gotischen Baustil um. 1872 siedelte sich im Ort eine Teppichfabrik an und die Einwohnerzahl stieg auf über 3300. Heute hat der Ort rund 1700 Bewohner. Daran schuld ist auch der aus Richtung Bitterfeld herannahende Tagebau Goitsche, der mit seinen Großgeräten bis auf wenige Meter knapp an den Roten Turm und den Ort rückte. Daraufhin zogen viele Einwohner weg.

Der Muldestausee – Ein Kleinod

Vom Wasser-Speicher zum Wasser-Beruhiger

Das Mulde-Hochwasser im Jahr 2002 beeinflusste die Region um Bitterfeld erheblich und setzte Randgebiete der Stadt unter Wasser. Beim Juni-Hochwasser 2013 konnte eine Überflutung der Stadt nur knapp abgewehrt werden, wobei die Mulde jedoch zuvor zum Seelhausener See durchbrach und den Goitzschesee in Richtung Bitterfeld fast erneut überlaufen ließ. Nach der Goitzsche mündet die Mulde in den Muldestausee. Der Muldestausee ist 1975 als künstlich angelegtes Staubecken entstanden. Der Wasserspeicher entwickelte sich auch zu einem idealen Greifvogel- und Wasservogelbrutplatz. Rund um den See führen Wanderwege. Am Ufer des Muldestausees befindet sich in Schlaitz das Umwelt- und Informationszentrum Haus am See. An der Nordseite des Muldestausees befindet sich ein 17 Kilometer langer Naturlehrpfad über die Bergbaufolgelandschaft, der über heimische Fauna und Flora informiert. Ein Fahrgastschiff, die Muldeperle, war bis 2009 auf dem Stausee unterwegs. Das Schiff wurde durch einen Sturm beschädigt, sank teilweise und musste geborgen werden. Die Muldeperle ist seitdem noch nicht wieder in Dienst gegangen. Auch der Muldestausee ist auf den Bergbau zurückzuführen. Mit der Auskohlung des Tagebaus Muldenstein im Jahr 1975 rückte der Bergbau weiter in Richtung Bitterfeld. Dazu wurde die Verlegung der Mulde auf etwa elf Kilometer nötig. Ein Abschnitt des neuen Muldebettes wurde durch den vormaligen Muldensteiner Tagebau geführt. Für den Anstau wurde der genutzte Gruben-Hohlraum rund ein Jahr ab Ende April 1975 geflutet. Zuvor wurde eine rund 19 Meter hohe und über 300 Meter lange Staumauer bei Friedersdorf errichtet. Das zeitweise viertgrößte Gewässer Sachsen-Anhalts ist ungefähr 9000 Meter lang und an der breitesten Stelle bis 2000 Meter ausgedehnt. Rund 120 Millionen Kubikmeter Muldewasser passen in den Stausee. Durch den Anstau wird die Fließgeschwindigkeit der Mulde herabgesetzt. Gleichzeitig werden Sedimente, die der Fluss mitbringt, im Bereich des Stausees abgesetzt. Die Mulde an sich ist rund 147 Kilometer lang. Sie ergibt sich aus dem Zusammenfluss der Zwickauer und Freiberger Mulde bei Sermuth.

Der Muldestausee ist 1975 als künstlich angelegtes Staubecken mit einer Wasserfläche von 630 Hektar und einer Wassertiefe von bis zu 35 Metern entstanden. Er entwickelte sich als Wasserspeicher auch zu einem idealen Greifvogel- und Wasservogelbrutplatz.

Der Gremminer See – Der Privatsee

Wo ein Bergbaufolgesee und Polis zusammenkommen

Im Tagebau Golpa-Nord nordwestlich der Paul-Gerhardt-Stadt Gräfenhainichen wurden bis 1991 Braunkohle und Ton gewonnen. Die Sanierung konnte mit der Annäherung an den Endwasserspiegel im See zwischenzeitlich weitestgehend abgeschlossen werden. Entstanden ist der Gremminer See, ein Bergbaufolgesee, der Natur und Erholung verspricht und zugleich auf einer Halbinsel zu Musik, Kultur und Sport einlädt. Mit einer Wasserfläche von rund 540 Hektar hat der Gremminer See, dessen Name sich vom überbaggerten Ort Gremmin ableitet, nach Abschluss der aktiven Flutung ein attraktives Angebot für Wassersportler. Bisher wurden seit Januar 2001 knapp 72 Millionen Kubikmeter Wasser in die Grube gepumpt, wovon ein Teil ins Grundwasser abströmt. Über eine Rohrleitung aus der zwölf Kilometer entfernten Mulde wird von den Bergbausanierern Flutungswasser zugeführt. Um den Endwasserstand in absehbarer Zeit zu erreichen, wird seit 2012 bis voraussichtlich 2015 auch Überschusswasser aus dem Gröberner See eingeleitet. Eine Einbindung des Sees über den Radis-Gremminer-Graben zur Bachaue ist in Planung. Ein Ablauf wird zum Gräfenhainichener Mühlbach gebaut. Die Uferlinie ist rund 14 Kilometer lang. Ein weitgehend asphaltierter Rundweg um den See wird sowohl von Inlineskatern als auch von Radfahrern und Wanderern gern genutzt. Zwei Badestellen laden an heißen Tagen zur Abkühlung ein. Bei einem Seevolumen von 67 Millionen Kubikmetern ist das Gewässer bis zu 33 Meter tief. Viele Bänke laden am See zum Verweilen ein. An der südlichen Seite befindet sich zudem ein Kunst- und Geschichtspfad, der die Geschichte von Gremmin darstellt und Kunstwerke junger Schüler der FERROPOLIS-Schule in Gräfenhainichen präsentiert. Die beiden als Vogelwarten und ursprünglich als Expo-Projekte geplanten Aussichtspunkte am Rande des Sees ermöglichen eine gute Sicht über den See. Die Eigentümerin Blausee GmbH erstellte 2012 in Zusammenarbeit mit anderen ein Konzept für Freizeit, Sport und Gewerbe am und im Wasser.

Die markante Halbinsel, das Gebiet der ehemaligen Tagesanlagen inmitten des Sees, ist Schwerpunkt einer intensiven Nachnutzung. Die von fünf Tagebaugroßgeräten gebildete FERROPOLIS-Kulisse ist die Attraktion mit überregionaler Anziehungskraft.

Großveranstaltungen, wie das bekannte MELT-Festival mit mehr als 10 000 Zuschauern und viele Konzerte bekannter Künstler finden vor dieser gigantischen Kulisse statt, nachdem ein Ausbau zur Arena erfolgte.

Die FERROPOLIS – Die Großgeräte-Arena

Wo Bagger Menschen bewegen

Die heute weltgrößte Stahlgerätesammlung nach einer Idee des Bauhauses Dessau setzt sich mit der regionalen Geschichte auseinander und bietet Raum für die Entwicklung von Ideen und Perspektiven einer Zukunft der vom Bergbau gezeichneten Landschaft. Die um das Zentrum einer Arena angeordneten Bagger und Absetzer bilden zugleich die Kulisse für Großveranstaltungen. Fünf Tagebaugroßgeräte wurden extra dafür erhalten. 1995 erfolgte die offizielle »Stadtgründung« von FERROPOLIS durch die LMBV gemeinsam mit dem damaligen Landeswirtschaftsminister Schucht. Zuvor waren die Großgeräte von der LMBV vor der Verschrottung bewahrt und auf einer Fläche konzentriert worden. Seit 2002 gibt es einen Rahmenplan für den Standort Golpa-Nord von der LMBV, auf den später das Zwischennutzungskonzept der Stadt Gräfenhainichen und der Blausee GmbH aufsetzte. Auf der 20 Hektar großen Halbinsel kann man heute die Großmaschinen mit den fantasievollen Namen Mad Max, Mosquito, Big Wheel, Gemini und Medusa besichtigen und zwei Geräte teilweise auch begehen. Alles beherrschend: die riesigen Baggermaschinen, die aussehen wie Dinosaurier eines Vergangenen Zeitalters. Die Idee dazu hatten um 1991 Verantwortliche des Bauhauses. Ihre Umsetzung verdankt sich zu einem beträchtlichen Teil der Begeisterung und Hartnäckigkeit der Menschen vor Ort und der LMBV. Heute ist FERROPOLIS Museum, Industriedenkmal, Stahlskulptur, Veranstaltungsareal und Themenpark gleichermaßen. Es ist Teil der Europäischen Route der Industriekultur. Ursprünglich befanden sich an der Stelle des heutigen »FERROPOLIS« Werkstätten, Energieversorgungseinrichtungen und Sozialanlagen des Tagebaues Golpa-Nord.

Die Stadt Gräfenhainichen – Am Stadtbalkon

Wo der Kirchenlieddichter Gerhard herstammt

Gräfenhainichen, eine ehemalige Kreisstadt, ist vom Braunkohletagebau und seiner Reparaturindustrie geprägt. Sie liegt südöstlich von Dessau sowie nordöstlich von Bitterfeld am Rande der Dübener Heide und hat auch eine fast 130-jährige Tradition des Buchdruckes. Sie befindet sich im Aufbruch zu einer charmanten Kleinstadt. Zuletzt lebten über 12 000 Einwohner hier. Die Möglichkeiten, die die Umgestaltung der Tagebaulandschaft bietet, werden zielgerichtet genutzt. Nachdem 1859 die Bahnstrecke zwischen Wittenberg und Bitterfeld eingeweiht worden war, siedelten sich wegen der verkehrsgünstigen Lage immer mehr Industriebetriebe an. 1874 wurde die erste Druckerei in der Stadt gegründet. Bis 1990 arbeiteten in Gräfenhainichen teilweise bis zu vier Druckereien. Seit 1890 wurde in der Nähe von Gräfenhainichen, zunächst im Tiefbau, später im Tagebau Braunkohle gefördert. Der sogenannte Stadtbalkon mit Aussicht auf den jungen Gremminer See und Ferropolis sowie das Schloss samt Freilichtbühne und das Rathaus gelten als sehenswert. Auch das Buchdruckmuseum ist einen Besuch wert. Die Sammlung alter Buchdruckmaschinen ist im Gebäude der ehemaligen Buchdruckerei von C.H. Schulze in Traditionspflege zum Anfassen untergebracht. Eine erhaltene Bauschlosserei und Schmiedemuseum von 1891 sowie ein Kolonialwarenladen als Zeugnis des Lebens in gutbürgerlichen Verhältnissen zu Beginn des 20. Jahrhunderts, machten alte Gräfenhainicher Handwerksgeschichte erlebbar. Die Stadt hat auch eine Paul-Gerhard-Kapelle, die an den bekannten Kirchenlieddichter und Sohn der Stadt erinnert.

Seit Januar 2011 ist Gräfenhainichen eine Einheitsgemeinde mit den Ortsteilen Buchholz, Jüdenberg, Möhlau, Tornau, Zschornewitz, Schköna, Hohenlubast. Sie liegt nahe des Gremminer Sees.

Der Gröberner See – Waldelefantenort

Wo eine Feriensiedlung mit Marina entstehen wird

Der Gröberner See befindet sich am Rande des Naturparks Dübener Heide im südlichen Umfeld der Stadt Gräfenhainichen. Der Name des Gröberner Sees leitet sich vom nahe gelegenen Ort Gröbern ab. Er umfasst die Fläche des ehemaligen Braunkohlentagebaus Gröbern. Der Tagebau wurde 1993 zusammen mit den belieferten Kraftwerken stillgelegt. Nach Einstellung der Kohleförderung begannen im Jahr 2001 die Vorbereitungen und 2004 die Flutung durch Wasserzuleitung von der Mulde. Heute hat der Bergbaufolgesee eine Fläche von 374 Hektar. Die Uferlänge beträgt rund zehn Kilometer. Der Flutungsprozess wird bis 2016 andauern. Der See soll vor allem im Süden touristisch erschlossen werden. Dazu wurde das Gewässer vom Bundesunternehmen LMBV an eine private Gesellschaft verkauft. Der Schwerpunkt der Blausee GmbH liegt bei der Entwicklung des 27 Hektar großen Geländes auf der ehemaligen Tagesanlage in Gröbern. Dafür wird ein Bebauungsplan vorbereitet. Das Land Sachsen-Anhalt unterstützt 2014 ein Projekt zur Entwicklung der Waldresort-Idee zu einem ökologisch orientierten Ferienresort am Ufer des Gröberner Sees mit 1,9 Millionen Euro. Mit dem Geld soll ein ökologisches Feriendorf am See gefördert werden. Konzeptionell soll am Südufer eine Feriensiedlung mit Ferienhäusern, Strandvillen, einer Saunalandschaft, einem Restaurant, Shoppingmöglichkeiten sowie einer Marina entstehen. Bestandteile sind auch Wohnmobilstellplätze, eine Radlerherberge, Wellness- und Gesundheitszentrum, eine Sportanlage sowie ein Junior-Ranger-Park mit Wildgehege und ein Kneipp-Spielplatz. Am See sind bereits das Angeln und Baden an dafür ausgewiesenen Stellen erlaubt. Der Tagebau ist durch eine Vielzahl paläontologischer und archäologischer Funde bekannt geworden. Im Juni 1987 wurden die Überreste eines etwa 120 000 Jahre alten Waldelefanten aus der Eem-Warmzeit freigelegt. Der Elefant von Gröbern war ein ausgewachsener Bulle, der um die 40 Jahre alt geworden ist. Schon bei der Entdeckung des Waldelefanten fielen zwischen den Knochen Steinartefakte auf, die auch eine Anwesenheit des Menschen an dieser Stelle belegen.

Im Vordergrund die Ortslage Gröbern. Im Juni 2008 wurde ein bereits Mitte der 1990er Jahre angelegter Findlingsgarten am nordwestlichen Ortsrand von Gröbern übergeben. Ein geologischer Lehrpfad mit 60 Findlingen aus dem Tagebau Gröbern erklärt die Erdgeschichte.

Die Stadt Dessau – Die Residenz der Askanier

Wo Leichtmetallflugzeuge und Bauhaus-Ideen herstammen

Nachdem Dessau im Laufe des 15. Jahrhunderts mehrfach dem zeitweiligen Aufenthalt des Hofes der Askanier und damit der Landesverwaltung gedient hatte, wurde die Stadt ab 1471 zu deren fester Residenz. Einen ersten Aufschwung erlebte Dessau im 16. Jahrhundert. Unter der Herrschaft von Johann Georg II., der von 1660 bis 1693 lebte, erholte sich Dessau langsam von den Folgen des Dreißigjährigen Krieges und prosperierte zu einem wirtschaftlichen und kulturellen Zentrum. Unter Leopold III. Friedrich Franz, von 1740 bis 1817, entwickelte sich Dessau zu einem Zentrum der deutschen Aufklärung mit bedeutenden Zeugnissen der Bildung und Kultur, der Weltoffenheit und des humanistischen Geistes. Von Dessau, der ehemaligen Residenz des Landes Anhalt, gingen seit dem 18. Jahrhundert vielfältige und weit über die Region reichende Entwicklungsschübe als eines der Zentren der deutschen Aufklärung aus. Freunde und Berater des Fürsten, wie Erdmannsdorff, Eyserbeck und Schoch unterstützten Leopold III. bei der Umsetzung von Ideen. Ihnen ist auch die harmonische Welt der Parks, Schlösser und Gärten des Dessau-Wörlitzer Gartenreiches in der weiten Auenlandschaft der Flüsse Elbe und Mulde zu verdanken. In der Zeit von 1863 bis 1918 war Dessau dann die Hauptstadt des gesamten Herzogtums Anhalt. Die ab Mitte des 19. Jahrhunderts zunächst langsam einsetzende Industrialisierung veränderte das Gesicht der Stadt. Der Gasindustrie folgten Maschinenbau, chemische Industrie und Flugzeugbau. In Dessau konstruierte und fertigte der Erfinder und Industrielle Hugo Junkers zunächst Großmotoren. Ab 1919 baute er das erste verspannungslose Ganzmetall-Verkehrsflugzeug der Welt. Die Junkers-Werke dominierten bald einen Großteil die Industriestruktur der Stadt. Auch vom Bauhaus gingen schließlich weltweit und nachhaltig Impulse für Architektur, Kunst und Design aus. 1926 siedelte das aus Weimar vertriebene Bauhaus nach Dessau über und fand hier günstige Entwicklungsbedingungen. Walter Gropius, Paul Klee, Wassily Kandinsky, Lyonel Feininger, Oskar Schlemmer, László Moholy-Nagy, Marcel Breuer und Mies van der Rohe arbeiteten neben vielen anderen für das Bauhaus. 1932 erzwangen die Nationalsozialisten die Schließung des Bauhauses Dessau.

Im Jahr 1213 wurde Dessau erstmals urkundlich erwähnt. Nach einer Zeit als Residenzstadt kamen Aufklärungsideen, Ganzmetall-Verkehrsflugzeuge und Bauhaus-Entwürfe aus der Stadt.

Der Concordiasee – Mit neuen Ufern

Zwischen Sanierung und Nachnutzung

Nachterstedt ist ein Ortsteil der Stadt Seeland im Salzlandkreis und durch den Concordiasee bekannt geworden. Naturräumlich gehört das Gebiet zur Landschaftseinheit Nordöstliches Harzvorland. Das ebene Seeländereien-Tal mit einer Länge von etwa 12 Kilometern und einer Breite von zwei bis drei Kilometern war primär ein Feuchtgebiet mit hohem Grundwasserstand. Im 11. Jahrhundert erfolgten erste lokale Kultivierungsversuche. Die Niederungslandschaft wurde im Jahr 1446 künstlich von Gatersleben aus mit Selkewasser geflutet, und es entstand der Gatersleben-Ascherslebener See. Zwischen 1703 und 1712 wurde der See auf Weisung des preußischen Königs Friedrich I. bis 1712 endgültig trockengelegt und einer landwirtschaftlichen Nutzung zugeführt. Im Rahmen der Tagebauentwicklung erfolgte im Zeitraum von 1925 bis 1987 in mehreren Etappen die Verlegung von Orten bzw. Ortsteilen von Nachterstedt und Königsaue mit über 3100 Einwohnern. Zudem wurden infrastrukturelle Anlagen und Verkehrswege, unter anderem die Eisenbahnstrecke Aschersleben-Halberstadt, Produktionsanlagen und der Hauptseegraben rückgebaut bzw. größtenteils neuverlegt. Durch die Förderung der Braunkohle im Tagebau kam es zu einer Umgestaltung der Landschaft. In der Zeit von 1831 bis 1990 wurden im Revier Nachterstedt im Tief- und Tagebaubetrieb insgesamt etwa 253 Millionen Tonnen Kohle und etwa 500 Millionen Tonnen Abraum gefördert bzw. bewegt. Es entstanden die Tagebaurestlöcher Nachterstedt/Schadeleben, Königsaue und Frose sowie sieben Halden und Kippen. Die Halden wurden aufgeforstet oder begrünten sich selbst. Teilweise wurden sie für eine landwirtschaftliche Nutzung rekultiviert. Mit Gründung der Seeland GmbH 1993 wurden touristische Folgenutzungskonzepte erarbeitet und umgesetzt. Dazu gehören unter anderem: der Badestrand Schadeleben, die Boots- und Schiffsanlegestelle mit schwimmenden Bootsstegen in Schadeleben und die Errichtung eines Aussichts- und Informationspunktes in Nachterstedt. Später kamen dazu noch der Einsatz eines Motorschiffes auf dem See und der Bau eines Informations- und Versorgungszentrums am ehemaligen Aussichtspunkt Schadeleben mit ständiger Ausstellung.

Das Tagebaurestloch Nachterstedt hat heute eine Größe von etwa 600 Hektar. Mit Erreichen eines Zwischenwasserspiegels war es seit 2002 als Badesee freigegeben worden. Am Schadelebener Ufer ist seit 2009 die Nutzung ausgesetzt.

Der Bergbau von Nachterstedt – Mutungen und Abbau

Wo über 110 Jahre Kohle herkam

Im Bergbaugebiet Nachterstedt wurden bereits Anfang der 1840er Jahre Erkundungsbohrungen im Auftrag der anhaltinischen Regierung durchgeführt. Der Braunkohlenbergbau im Untersuchungsgebiet begann um 1850 mit der Einlegung von Mutungen durch den Amtmann Rosentreter und den Hüttenmeister Bischof beim Bergamt Halberstadt. Der Aufschluss des Tagebaus begann ab Februar 1857 im Grubenfeld Frühauf, südwestlich von Alt-Nachterstedt. 1857 erfolgte die Vereinigung zur neu gegründeten Gewerkschaft Concordia bei Nachterstedt. Eigner waren größtenteils Kaufleute aus Quedlinburg. Die östliche Markscheide an der ehemaligen Landesgrenze Preußen-Anhalt erreichte der Tagebau 1910. Drei Jahre später wurde Bergwerkseigentum in Frose von der Gewerkschaft Concordia bei Nachterstedt erworben. Bis 1923 blieb das Braunkohlenwerk ein selbstständiger Betrieb. Ab 1929 wurde der gesamte Abraumbetrieb auf Großraumförderung umgestellt. Die inzwischen etwa 50 Meter mächtigen Deckschichten werden durch vier Bagger abgeräumt. Der Abraum wurde in zwei Kippscheiben mit Kipphöhen von 35 bis 40 Metern auf der ausgekohlten Seite des Tagebaus abgelagert. Durch den Einsatz von Großgeräten bei der Abraum- sowie Kohlegewinnung wurde eine Intensivierung des Abbauprozesses erreicht. Damit verbunden war ein schnellerer Tagebaufortschritt. 1952 wurde das Werk Nachterstedt aus der sowjetischen Kontrolle entlassen und in den VEB Braunkohlenwerk Nachterstedt umgewandelt. 1954 wurde dem VEB Braunkohlenwerk Nachterstedt der Tagebau Königsaue als Betriebsteil eingegliedert.

Seit 1925 war Concordia Nachterstedt eine Tochtergesellschaft der Hugo Stinnes-Riebeck Montan- und Ölwerke AG in Halle und gehörte damit zum Konzern der IG Farbenwerke AG. Damit wurde sie Ziel von Bombenangriffen im Zweiten Weltkrieg.

Derzeit können Risiken für die Standsicherheit der übrigen Kippen-Böschungen noch nicht vollständig ausgeschlossen werden. Vor diesem Hintergrund konnte die Sperrung des Concordiasees bisher noch nicht aufgehoben werden.

Das Nachterstedter Ufer Abgerutscht

Die Ursachensuche zum Böschungsunglück ist abgeschlossen

1992 begannen die Sanierungsarbeiten der Tagebaurestlöcher Königsaue und Nachterstedt unter Ägide der LMBV. Am 18. Juli 2009 ereignete sich an der Südböschung des Concordiasees in Nachterstedt ein Böschungsabriss von erheblichem Ausmaß. Bei der Böschungsbewegung starben am Morgen dieses Tages drei Menschen in ihren abgerutschten Häusern. 42 Anwohner in 23 Haushalten mussten für immer ihre Wohnungen verlassen. Etwa 4,5 Millionen Kubikmeter Böschungsmasse waren in den Concordiasee gestürzt, der seitdem gesperrt werden musste. Der Abriss erfasste einen Böschungsbereich von etwa 1,1 Kilometer Länge. Die Abbruchkanten weisen Rückgriffweiten von bis zu 85 Meter in das Hinterland auf und besitzen Höhen von bis zu 40 Meter. Zur Ursachenermittlung der Böschungsbewegung und zur Vorbereitung der Sicherungs- und Sanierungsarbeiten hatten Gutachter gemeinsam mit der LMBV unmittelbar nach der Böschungsbewegung ein umfangreiches Erkundungsprogramm entworfen und sukzessive umgesetzt. Das Programm wurde vom LAGB und seinem Gutachter auf der Grundlage der entsprechenden Betriebsplanzulassungen bergrechtlich begleitet und überwacht. Nach vier Jahren intensiver Recherche sowie der Durchführung und Auswertung des Erkundungsprogramms legten die Gutachter Anfang Juli 2013 ihre unabhängig voneinander erstellten Abschlussgutachten vor. Der von der LMBV beauftragte Gutachter stellt in seinem Abschlussgutachten fest, dass die Böschungsbewegung durch ein nicht vorhersehbares dynamisches Initial und den ebenfalls unvorhersehbaren, hohen artesischen Wasserüberdruck als Folge der anomalen lokalen Rinnenstruktur des Liegendgrundwasserleiters verursacht worden sei.

Die Stadt Aschersleben – Der Möhrenköppe-Ort

Von der Kali- zur Landesgartenschaustadt

Die Stadt Aschersleben liegt im Harzvorland zwischen dem Ostharz und der Magdeburger Börde. Aufgrund dieser geografischen Lage wird Aschersleben auch oft als das »Tor zum Harz« bezeichnet. Bekannt sind vor allem sein Renaissance-Rathaus von 1518, der Graue Hof als ältester Profanbau aus 1309, die noch jüngere Stephanikirche von 1407 und die Marktkirche, Die älteste Stadt Sachsen-Anhalts hat sich in den letzten Jahren weiter verwandelt. Seit einer Landesgartenschau im Jahr 2010 grünt und blüht es in der Altstadt und die vormalige Ackerbürgerstadt versprüht nun neuen Charme. Künstlerisch gestaltete Gärten und Parks prägen Aschersleben schon seit dem 19. Jahrhundert. Sie erstrecken sich östlich der Altstadt vom Bahnhof bis zum Flüsschen Eine im Süden und umschließen mit einem grünen Ring das gesamte historische Zentrum. »Möhrenköppe« ist ein alter Spitzname für die Aschersleber Bürger. Mit dieser Bezeichnung wollte man den bäuerlich aktiven und viel Gemüse essenden Einwohnern der Stadt im Mittelalter anhängen, dass ihre Vorzugsspeise aus Möhren bestände, weil man nach altem Volksglauben klug würde, wenn man nur genug davon esse und damit Schlauheit erlange. Später wurden die Aschersleber für ihren Majoran-Anbau bekannt. Inspirationsquelle für die Gestaltung der Aschersleber Gartenanlagen war u.a. der große Gelehrte, Schriftsteller, Diplomat und Sohn der Stadt Adam Olearius, der von 1599 bis 1671 lebte. Schließlich wurde er als Hofmathematiker 1654 weit über die Grenzen bekannt, als er den sogenannten Gottorfer Riesenglobus mit drei Meter Durchmesser konstruierte, für den sich der russische Zar Peter 1713 begeisterte. Vor allem nach Auffinden der ersten kleineren Braunkohlelagerstätten nördlich der Stadt, mit dem Anschluss an das Eisenbahnnetz 1865, der gleichzeitig beginnenden Zuckerrübenverarbeitung in mehreren Zuckerfabriken sowie dem Abbau von Kalisalzen in bis zu sieben Schächten, erlebte die Stadt einen großen Strukturwandel im 19. Jahrhundert. So entstanden in dieser Zeit eine Werkzeugmaschinenfabrik, die Papierfabrik und das Kaliwerk sowie ein geologischer Bohrbetrieb.

Eine grüne Stadt – Aschersleben punktet mit Park und Gartenanlagen. Auf dem Gelände des Kaliwerks entstand eine Karosseriefabrik. Der letzte Kalischacht wurde schon 1958 im Aschersleber Revier geschlossen. 2010 war die Stadt Ausrichter einer Landesgartenschau.

Der Motorpark Oschersleben – Pisten-PS

Wo Motorsportfreunde Rennen erleben können

Oschersleben liegt in der Magdeburger Börde im Landkreis Börde. Am 23. November 994 wurde Oschersleben erstmals nachweislich in einer Urkunde von Kaiser Otto III., in der er Quedlinburg das Marktrecht verlieh, an der Nordgrenze erwähnt. Heute leben rund 20 000 Menschen in der Stadt. Im April 1993 erfolgte die Bildung der Verwaltungsgemeinschaft Oschersleben (Bode) mit den Orten Oschersleben, Hornhausen, Hordorf, Beckendorf-Neindorf und Altbrandsleben. Ein Blick in die Geschichte der Stadt bezeugt: Gegen Mitte des 19. Jahrhunderts begann die Industrialisierung in Oschersleben mit der sich rasch entwickelnden Rübenzuckerindustrie. Von 1840 datiert der Bau der ersten Zuckerfabrik. Parallel wurde 1842 mit dem Abbau der Braunkohleförderung am Jakobsberg im Bülowschacht begonnen. Ab 1843 folgte durch Preußen der Bau der Bahnlinie Magdeburg-Oschersleben-Halberstadt, welche weiter bis Braunschweig führte. Im Juli 1997 wurde die Motorsport Arena Oschersleben als Multifunktionsrennstrecke am Ostrand der Stadt eingeweiht. Mit dem angeschlossenen Gewerbegebiet sowie einem integrierten Hotel und dem Campingplatz konnten neue Arbeitsplätze geschaffen werden. Zusätzlich ist die Strecke in zwei Längen von 2,435 und 1,155 Kilometer teilbar, was den parallelen Betrieb zweier Veranstaltungen ermöglicht. Der Höhenunterschied der Strecke beträgt 23 Meter. Alle Zuschauerbereiche sind zwischen sechs und acht Metern oberhalb der Strecke angelegt. Der von den Besuchern geschätzte Arena-Charakter ist in der deutschen Rennstrecken-Landschaft selten.

Ein paar Eckdaten zur Rennstrecke: Die Piste ist 3667 Meter für die Motorradsportler lang, wobei die Bahn mit 14 Kurven zwischen 11 bis 13 Meter breit ist.

Eine Stadt mit viel Historie. Merseburg war auch namensgebend für den späteren Braunkohletagebau Merseburg. Auf Basis der Karbochemie wurde 1916 ein Ammoniakwerk bei Merseburg gebaut, die späteren Leunawerke.

Die Stadt Merseburg – Die Domstadt

Wo für die Karbochemie ein Ammoniakwerk entstand

Merseburg ist eine Dom- und Hochschulstadt an der Saale im südlichen Sachsen-Anhalt. 1015 wurde mit dem Bau des Merseburger Doms begonnen. Mit seiner vorteilhaften Lage an der »via regia« wurde die Stadt schon früh Sitz des Königshofes und später auch Residenzstadt der Staufer. Nach der Stauferzeit verloren die Könige das Interesse an der ehemaligen Grenzstadt aufgrund der Einbindung der weiter östlich der Saale gelegenen Gebiete in ihre Reiche. 1213 erlebte die Stadt ihren letzten Hoftag. Mit der immer stärkeren Entwicklung von Leipzig zur Messestadt vollzog sich für die Merseburger ein Niedergang hin zu Provinzstädtern, der auch durch einen Beitritt zur Hanse 1428 nicht aufgehalten werden konnte. Bei der Leipziger Teilung im Jahr 1485 wurde die Stadt dem Herzogtum Sachsen zugeschlagen. Von 1656 bis 1738 war Merseburg wieder Residenzstadt, diesmal der Herzöge von Sachsen-Merseburg. In der Folge fiel der Ort wieder an Kursachsen, dem es bis zum Wiener Kongress von 1815 angehörte. 1816 wurde die Stadt erstmals preußisch und zum Sitz des Merseburger Regierungsbezirks bestimmt. Die Etablierung als beliebter Beamtenwohnsitz analog zu Naumburg ließ die Stadt mit aufblühen und bewirkte eine Verdoppelung der Bevölkerung bis 1855. Nach der Reichsgründung von 1871 hielt die Industrie weiter Einzug in die Stadt. Neben Eisenhütten und Maschinenbaufirmen kamen Papier- und Lederfabriken sowie Brauereien hinzu. Ein wesentlicher Entwicklungsimpuls war der seit 1905 südlich der Stadt wieder auflebende Braunkohlenbergbau.

Von Leuna bis Buna – Die Karbochemie

Wo Braunkohle und Erdöl weiterverarbeitet werden

Aus Braunkohle wurde durch Hydrierung ab 1927 in Leuna auch synthetisches Benzin gewonnen und konnte ab 1933 großtechnisch für die Wehrmacht produziert werden. Die Leunaer Fabrik war das Leitwerk eines von sieben neuen Hydrierwerken, die in den 1930er Jahren eilig gebaut wurden. Nach dem Zweiten Weltkrieg verlor das Werk im Zuge von Reparationen fast die Hälfte seiner modernen Anlagen. 1954 ging es in das Eigentum des Staates über. Das 30 000-Mann-Werk dehnte sich weiter aus und erstreckte sich auf einer Fläche von drei mal sieben Kilometern. 1959 kam das Werk Leuna II dazu, eine komplexe Anlage der Petrochemie zur Verarbeitung von russischem Erdöl. Nach der Wende wurde das Großkombinat in kleinere Einheiten zerlegt und schrittweise an neue Eigentümer verkauft. Bekannt wurde die Mitteldeutsche Erdöl-Raffinerie, die heute zum TOTAL-Konzern gehört. TOTAL raffiniert seit 1997 in ihren neuen Anlagen Mineralölprodukte. Aus 12 Millionen Tonnen Erdöl wird Kraftstoff, Heizöl, Bitumen, Naphtha und Methanol. Bei ADDINOL in Leuna werden beispielsweise Hochleistungsschmierstoffe produziert, bei BioChem Leuna Harnstofflösungen und Siliziumkarbid verarbeitet, bei Dow Polyethylen für Verpackungen hergestellt. Bei LCP entstehen Hydroxybenzoesäuren für Kosmetika, bei Leuna-Harze Epoxidharze für das Bauwesen und die Lackindustrie, bei LT werden anionische und nichtionische Tenside gemischt. Linde produziert Wasserstoff, Sauerstoff, Stickstoff und Spezialgase. Nach der deutschen Einheit wurden vielfältige Investitionen in Leuna als auch in den Buna-Werken in Schkopau getätigt. Buna, ein Kunstwort und Begriff für die polymere Synthese von Butadien und Styrol unter Nutzung des Katalysators Natrium zu Synthesekautschuk, war namensgebend für das Werk bei Schkopau. Die Buna-Werke gingen nach 1990 von der Treuhand an den Dow Chemical Konzern. Das in den 90er Jahren neugebaute Braunkohlen-Kraftwerk Schkopau ist heute ein wichtiger Bestandteil der mitteldeutschen Energieversorgung. Im September 1995 kam dafür die erste Kohlenlieferung aus dem Tagebau Profen.

Aus rund sechs Millionen Tonnen Profener Braunkohle werden u.a. rund 900 Megawatt Strom pro Jahr in zwei unabhängig arbeitenden Blöcken erzeugt, die 1995 und 1996 in Betrieb gingen. Damit werden die nahen Chemiewerke verlässlich versorgt.

Der Wallendorfer See – Der eine Zwilling

Der Raßnitzer See als sein benachbarter kleiner östlicher Zwilling

Der Wallendorfer See befindet sich zwischen den Ortschaften Burgliebenau und Wallendorf mit den Ortsteilen Lössen und Löpitz. Im Jahr 2002 erhielt das Bergbaurestloch des Tagebaus Merseburg-Ost 1a seinen touristisch angelegten Namen. Der Tagebau Merseburg hat zwischen 1971 und 1989 rund 91 Millionen Tonnen Braunkohle aus dem Wallendorfer Teilfeld gefördert. Von August 1998 wurde die zurückgebliebene Grube mit Wasser aus der Weißen Elster geflutet, der offizielle Abschluss datiert auf 2004. Rund 38 Millionen Kubikmeter Elsterwasser und natürlich zuströmendes Grundwasser wurden dafür genutzt. Er hat eine mittlere Tiefe von knapp elf Metern, eine maximale Tiefe von 27 Metern und eine Fläche von 343 Hektar. Noch gibt es einige Reste der Kippe, die als Inseln im Seesüden aus dem Wasser ragen. Das Ufer ist rund neun Kilometer lang. Noch ist das Baden an dem Bergbaufolgesee nicht erlaubt, jedoch bemühen sich die Kommunen, hier legale Verhältnisse zu organisieren. Nordwestlich von Merseburg und südlich des Ortes Raßnitz erstreckt sich auf 315 Hektar ein weiteres kleines, von Menschenhand geschaffenes, Gewässer bis fast hin zur Luppe. Es ist der östliche Zwilling eines jungen Seenpaars. Der Tagebau Merseburg hat zwischen 1983 und 1991 rund 24 Millionen Tonnen Braunkohle aus dem Raßnitzer Teilfeld gefördert und einen entsprechenden Hohlraum hinterlassen. Das Ufer ist heute rund 10 Kilometer lang. Von März 1998 bis 2000 erfolgte eine zügige Fremdwasserflutung, auch um einen Salzwasseraufstieg zu vermeiden. Das Flutungsziel wurde 2002 mit dem weiteren Zustrom von Grundwasser erreicht.

Der Wallendorfer See hat einen Überlauf zum östlich gelegenen Nachbarsee, dem Raßnitzer See. Sein Abfluss ist über Pumpen in den Elsterflutgraben organisiert und soll später in die Luppe gehen. Im Vordergrund der Ort Raßnitz.

Der Tagebau Amsdorf – Der Wachslieferer

Wo bitumenhaltige Kohle für Wachs und Kosmetika gewonnen wird

Der Tagebau Amsdorf liegt im Osten des Mansfelder Landes zwischen Röblingen und Wanzleben, etwa 20 Kilometer westlich von Halle und 30 Kilometer nordwestlich von Merseburg. Seit 1959 wird dieser Tagebau betrieben und hat rund 1000 Hektar in Anspruch genommen. In der offenen Grube werden zwei verschiedene Kohleflöze abgebaut, um die besonders bitumenhaltige Kohle zu fördern und daraus später Montanwachs herzustellen. Das Deckgebirge über der Amsdorfer Kohle ist etwa 80 Meter mächtig und wurde bisher in bis zu fünf Abraumschnitten abgetragen. Der Abraum wurde mittels Bandanlagen einem Absetzer zugeführt und zur Gestaltung der Kippen verwendet. Die Braunkohle wird mit Eimerketten- und Schaufelradbaggern gefördert. Der Kohlevorrat beträgt etwa elf Millionen Tonnen. Im Jahr 2014, in dem der Braunkohleabbau im neuen Abbaufeld am Kupferhammer vorbereitet wurde, um die Montanwachsgewinnung bis 2030 zu sichern, brachte ein Erdrutsch am frühen 6. Januar mit über sechs Millionen Kubikmeter die Förderung im Alttagebau für lange Zeit zum Erliegen. Am Südhang des Tagebaus rutschte eine Böschung unterhalb einer Abraumhalde und mit ihr der dort eingesetzte Bandabsetzer ab. Der 170 Meter hohe Schornstein in Amsdorf ist einer der Letzten zwischen Halle und dem Südharz, der noch raucht. Dass er und das Kraftwerk der ROMONTA GmbH überhaupt noch in Betrieb sind, ist nur der Eigeninitiative von Mitarbeitern zu verdanken. Inzwischen wurde das havarierte Gerät geborgen.

Der weltgrößte Hersteller von Rohmontanwachs hat seinen Sitz unmittelbar am Tagebau Amsdorf. Die Firmenleitung von ROMONTA residiert in der Villa am unteren Bildabschnitt. Zentrales Bildelement ist der Schornstein der Industrieanlage.

Der Salzige See – Nur eine Vision

Eine Landschaft ohne See im Mansfelder Land

Bemerkenswert ist die Existenz einer fast 900 Hektar großen weiteren Senke südlich des Süßen Sees, in welcher sich bis zum Anfang des 19. Jahrhunderts der Salzige See befand. Er wird zurzeit noch ständig abgepumpt und liegt damit größtenteils trocken. Er ist heute mit weiten Schilfröhrichten, Binnensalzstellen, blütenreichen Trockenhängen und Landwirtschaftsflächen strukturiert. Seine Wiederentstehung wurde zwar durch die Landesregierung Sachsen-Anhalts 1995 beschlossen, liegt allerdings aufgrund fehlender finanzieller Mittel seitdem auf Eis. Seit 2012 wird vom NABU ein neues Naturparadies »Salziger See« auf 470 Hektar am Kerner- und Bindersee mit Schilfröhricht, Feuchtwiesen, Äckern und Trockenhängen entwickelt und für den Erhalt der beeindruckenden Artenvielfalt gesorgt.

Einst war der Salzige See mit rund 875 Hektar das größte Binnengewässer Mitteldeutschlands. Im Zuge eines Großerdfalls versickerte Ende des 19. Jahrhunderts schlagartig der größte Teil des Sees. Die Fläche des Sees ging in den Jahren 1892 und 1893 rapide um 300 Hektar zurück. 30 Millionen Kubikmeter Seewasser versiegten in kurzer Zeit in freigewordene unterirdische Gänge. Das verbliebene Restgewässer wurde zum Schutz des örtlichen Bergbaus trocken gepumpt und die ehemalige Seefläche unter den Pflug genommen. Die heutigen Schilfflächen und Flachgewässer entstanden erst ab 1969, als der Bergbau eingestellt wurde und das Grundwasser wieder anstieg. Damit schütteten auch die Salzquellen wieder stärker aus und erweckten eine der größten Binnensalzstellen Mitteleuropas zu neuem Leben.

Wegen seiner außerordentlich reichen Vogelwelt ist das Areal des Salzigen Sees als Naturschutzgebiet ausgewiesen und unter Ornithologen deutschlandweit bekannt. Auf dem Foto sind auch der Süße See, der Bindersee und der Kerner See zu sehen.

Der Süße See ist umgeben von Wein- und Aprikosenplantagen. Die Umgebung von Seeburg ist durch Hänge und Schluchten gekennzeichnet, die weitestgehend zum Landschafts- und Naturschutzgebiet erklärt wurden.

Der Süße See – Salziges Wasser

Wo Touristen auf Geschichte treffen

Die Region bietet um den südlich von Eisleben gelegenen Süßen See sowie mit dem Harzvorland und den Luthergedenkstätten in Lutherstadt Eisleben und Mansfeld einige gute Voraussetzungen für Naherholungs- und Kulturtourismus. Der Süße See im Landkreis Mansfeld-Südharz liegt etwa 25 Kilometer westlich von Halle und 80 Kilometer nordwestlich von Leipzig in der Gemeinde Seegebiet Mansfelder Land – verkehrsgünstig direkt an der B80. Das fast fünf Kilometer lange und 800 Meter breite natürliche Gewässer wird auch das »Blaue Auge des Mansfelder Landes« genannt. Am östlichen Ufer befindet sich der Ort Seeburg mit dem markanten, auf einer Halbinsel gebauten neuzeitlich anmutenden Schloss Seeburg. Der Süße See wird durch die Böse Sieben gespeist und fließt bei Seeburg in die Salza ab. Der Süße See ist seit dem Trockenlegen des benachbarten Salzigen Sees Ende des 19. Jahrhunderts das größte natürliche Standgewässer im Landkreis. Anders als der Name angibt, ist das Seewasser salzig. Für die Entstehung des Sees gibt es drei unterschiedliche Theorien, die auf Überreste früherer Flussläufe der Unstrut, tektonische Senkungen durch Auslaugung im Tertiär oder eine Absenkung in Folge des Bergbaus verweisen. Im Gegensatz zu den Bergbaufolgeseen der weiteren Umgebung bestehen die Uferbereiche aus gewachsenem Boden. Am Süßen See gibt es einige Weinberge, die zum Saale-Unstrut-Gebiet zählen. Am Nordstrand gibt es seit 1964 einen Vier-Sterne-Campingplatz. Besonders »wohlfühlen« kann man sich in einem neu errichteten Sauna-Dom mit seinen vielfältigen Angeboten.

Die Stadt Halle – Die Prosperierende

Von Hallensern, Halloren und Hallunken

Die ironisch gemeinte Kategorisierung der Einwohner Halles in Hallenser, Halloren und Hallunken geht weit in die Geschichte zurück. Halloren waren die Salzarbeiter, die ursprünglich im »Thale zu Halle«, dem heutigen Hallmarkt, lebten und in der Saline das »weiße Gold« gewannen. Als Hallenser hingegen wurden die Händler und Bürger bezeichnet, die um den höher gelegenen Alten Markt gelebt und mit Salz gehandelt haben. Hallunken schließlich mussten sich die Bewohner der heruntergekommenen Vorstadt nennen lassen. Mit mehr als 230 000 Einwohnern ist Halle heute eines der drei Oberzentren des Landes Sachsen-Anhalt. Die erste Erwähnung datiert auf das Jahr 806 n.Chr. In jenem Jahr stieß ein fränkisches Heer unter König Karl, Sohn Karls des Großen, in den Raum zwischen Elbe und Saale vor und legte hier Festungen an, so auch bei Halle. Im Jahr 961 schenkte Heinrichs Sohn Otto I. die Großsiedlung seinem Familienkloster St. Moritz im Magdeburg. Im Juli 1694 wurde die Universität Halle in Gegenwart des Kurfürsten Friedrich III. gegründet. Die neue Universität wurde zu einem Zentrum der geistigen Strömung der Aufklärung und des Pietismus und zur meistbesuchten Hochschule Deutschlands. Halle ist heute noch Sitz der Martin-Luther-Universität Halle-Wittenberg sowie der Burg Giebichenstein Kunsthochschule. In der zweiten Hälfte des 19. Jahrhunderts beginnt der industrielle Aufschwung der Saalestadt. Die Einwohnerzahlen überschreiten 1890 die 100 000. Der Braunkohlenabbau in der Umgebung und der Maschinenbau sind die großen Arbeitsgeber. Im Zweiten Weltkrieg wird Halle relativ wenig zerstört, so dass auch in der Innenstadt die Straßenzüge noch weitgehend in ihrer historischen Form erhalten sind. Die Stadt entwickelt sich zu einem Zentrum der Chemieindustrie. Mit den durch August Hermann Francke 1698 gegründeten Franckeschen Stiftungen, über deren Aufnahme als UNESCO-Weltkulturerbe 2015 entschieden werden soll, gilt Halle als Ausgangspunkt der sozial-humanistischen Bildung in Deutschland.

Im Jahr 961 schenkte Otto I. die Siedlung seinem Familienkloster St. Moritz in Magdeburg. In Ottos Schenkungsurkunde wurde Halle erstmals urkundlich erwähnt, weshalb dies als Gründungsdatum der Stadt gilt.

Die Neustadt – Platten und Kunst

Wo Menschen in »Scheiben« wohnen

1990 wurde Halle nach der Eingemeindung der Trabantenstadt Halle-Neustadt die größte Stadt des wiedererstandenen Bundeslandes Sachsen-Anhalt. Sie ist damit die fünftgrößte Stadt Ostdeutschlands. Die einstige sozialistische Modellstadt ist bei vielen der Einwohner auch heute noch beliebt. Das Gebiet der heutigen Neustadt setzte sich in einem Wettbewerb von 19 möglichen Standorten durch. Das hatte auch propagandistische Gründe. Das »neue Halle« sollte im sichtbaren Kontrast zum »alten Halle« entstehen. Die ersten Überlegungen für eine Neubausiedlung gab es bereits um 1900, da durch die zunehmende Industrialisierung auch die Bevölkerung in Halle wuchs. Erst in den 1950er Jahren bekam das Projekt einen neuen Schub, da eine Notwendigkeit bestand, für die Chemie- und Kohlearbeiter auch genügend Wohnraum zur Verfügung zu stellen. So wurde 1963 beschlossen, im Westen von Halle zu bauen. Chefarchitekt des ehrgeizigen Projektes war Richard Paulick. Als man sich 1963 für den Bau einer »Chemiearbeiterstadt« entschied, hieß das Projekt offiziell »Halle-West«. Wenig später empfand man aber die Himmelsrichtung »West« für das größte Bauvorhaben des Ostens unpassend. Man entschied sich daher für das politisch korrektere »Halle-Neustadt« – kurz »HA-NEU«. Mittelpunkt sollte ein »Hochhaus der Chemie« werden. Der 110 Meter hoch geplante Wolkenkratzer wurde aber wegen Geldmangels nie gebaut. Genauso wenig wie die Stadthalle oder Hotels. Dafür gab es aber über 180 Kunstwerke im öffentlichen Raum. Die Plattenbauten sind noch heute umstritten.

Bis 1991 gab es in Halle-Neustadt keine Straßennamen. Alle Wohnblöcke waren im Uhrzeigersinn durchnummeriert. Ortsfremde verliefen sich deshalb regelmäßig.

Der Hufeisensee verdankt seinen Namen der Form, welche an ein Hufeisen erinnert. Er erstreckt sich etwa 1200 Meter in Nord-Süd- und 1300 Meter in Ost-West-Richtung. Im Hintergrund ist eine neu gebaute Eigenheimsiedlung bei Halle zu erkennen.

Der Hufeisensee – Golf und Urpferd

Eine Landschaft zwischen See und Museen

Der Hufeisensee ist der größte See im Stadtgebiet von Halle. Er liegt im östlichen Teil zwischen den Ortsteilen Büschdorf und Kanena. In der Gegend wurde 1832 erstmals Braunkohle abgebaut. 1926 fand man größere Vorkommen und es entstand der Tagebau zwischen den beiden Ortsteilen. Nachdem die Braunkohlevorkommen 1942 abgebaut waren, wurde bis zur Stilllegung des Tagebaus in den 1960er Jahren noch Kies gefördert. Der See wurde früher auch Hufeisenteich genannt. Er ist bis zu 400 Meter breit und hat eine Fläche von 70 Hektar. Die Tiefe beträgt rund neun Meter und 28 Meter an der tiefsten Stelle, die Sichtweite im See erreicht bis zu sechs Meter. Er ist einer der größten und auch einer der tiefsten Seen im Umkreis von Halle. Der Hufeisensee ist heute ein beliebtes Naherholungsgebiet und Angelgewässer. Nachdem der See aus der Bergaufsicht entlassen wurde, plante die Stadt Halle als Rechtsnachfolger im Jahr 2003 den Bau eines Golf-, Freizeit- und Sportzentrums. Das entsprechende Ausschreibungsverfahren ist auf dem Weg. Unter Halles Museen mit naturwissenschaftlichem Bezug sind das Geiseltalmuseum mit paläontologischen Funden aus dem Braunkohletagebau, darunter das Urpferd Propalaeotherium und das Julius-Kühn-Museum mit der größten Haustierskelettsammlung der Welt hervorzuheben. Historischen Bezug haben das Landesmuseum für Vorgeschichte als Ausstellungsort der Himmelsscheibe von Nebra und das archäologische Museum Robertinum.

Die Geiseltal-Region – »Mehr«-See als anderswo

Wo Wein an Bergbauhalden gedeiht

Das von Süden kommende kleine Flüsschen Geisel gab dem Tal bei Braunsbedra, Mücheln, Frankleben und Beuna in Sachsen-Anhalt seinen Namen. Er ist auf das engste mit dem jahrhundertelangen Braunkohlenabbau in dieser Region südlich von Merseburg verbunden. Eine der historischen Geiselquellen befindet sich am Fuße des Veitsberges in Mücheln bei der Kirche St. Michel. Hier tritt aus dem zerklüfteten Kalkgebirge seit mehreren hundert Jahren die Geisel zu Tage, heute noch mit rund 35 Liter pro Sekunde, und wird im weiteren Verlauf mäandrierend in den Geiseltalsee geführt. Viermal wurde der Lauf des Flusses in den zurückliegenden Jahrzehnten bergbaubedingt verändert. Urkundlich belegen lässt sich der Abbau von Braunkohle seit dem Jahr 1698. Analog zu anderen Fördergebieten in Mitteldeutschland nahm der Abbau im 19. Jahrhundert jedoch besonders Fahrt auf. Die mechanisierte Zuckerindustrie war einer der regionalen Hauptabnehmer der Kohle. Der Tagebau Mücheln selbst kam auf eine Laufzeit von 1834 bis 1993. In den ersten Jahren, so zwischen 1861 und 1906, wurden nach den Aufzeichnungen der Bergämter nur rund vier Millionen Tonnen Braunkohle gefördert. Im Zuge der weiteren Industrialisierung in Mitteldeutschland kam das Geiseltal für eine großräumige Erschließung der Kohlefelder ab 1906 in Frage, da die Erkundungen der Flöze hoffnungsvoll waren. Daher ist es nicht verwunderlich, dass ab 1907 bis 1912 schrittweise neun Abbaufelder durch die Tagebaue Elisabeth, Rheinland, Cecilie, Beuna, Leonhardt, Vesta, Gute Hoffnung, Pfännerhall und Elise aufgeschlossen wurden. Ab 1929 wurden für den Tagebau erste Orte abgesiedelt. In den Folgejahren mussten bis zu 12 500 Menschen vor den Tagebauen bis 1975 weichen. Die nach dem Zweiten Weltkrieg ausgeweiteten Tagebaue wurden bis in 1990er Jahre ausgebeutet. Rund 1400 Millionen Tonnen Kohle konnten auf rund 2600 Hektar Betriebsflächen gewonnen werden. 1991 begannen die Wiedernutzbarmachungsarbeiten, für die es erste Pläne bereits 1923 gegeben hatte. Im Juni 1993 wurde der Tagebaubetrieb beendet und die Aufräum- und Böschungsprofilierungen begonnen. Im Juni 2003 konnte mit der Flutung der großen offenen Hohlraumformen gestartet werden. Es sollte bis 2011 dauern, bis mit Saalewasser die Zielwasserstände erreicht wurden.

Im Vordergrund der Ort Stöbnitz. Von West nach Ost erstreckt sich der riesige Geiseltalsee. An seinem nordwestlichen Ufer sind die neu angelegten Weinberge der Familie Reifert zu erkennen. Im Vordergrund die Halbinsel, auf der eine Hütte des Geiseltalvereins steht.

Das Geiseltal – Mit neuen Attraktionen

Wie neue Häfen wachsen

Nach der Stilllegung des Tagebaus Mücheln im Juni 1993 ist Mitte 2003 mit der Flutung begonnen worden. Seit 2012 ist der See im südlichen Teil schon für eine wassersportliche Nutzung freigeben worden. Im August 2012 hatte das LAGB auf Antrag der LMBV die Marina Mücheln sowie den Strandbereich Stöbnitz für eine vorzeitige Zwischennutzung freigegeben. Zuvor waren, mit Blick auf das Unglück von Nachterstedt, die Standsicherheit der Böschungen und Seeuferbereiche sowie eine mögliche Beeinflussung durch Altbergbaustrecken intensiv geprüft worden. Der zuvor seit 2006 bei Mücheln errichtete Hafenkomplex mit Kontor, Pier, Restaurant, Ferienwohnungen, Slipanlage und Marina erfreut sich seitdem großer Beliebtheit. Mit einem mittleren Motorboot oder mit kleinen Elektrobooten können Seegäste das Gewässer nun bis zu einer Bojenkette in Höhe vor Braunsbedra erkunden. An dem Ufer bei Braunsbedra entsteht seit 2012 ein weiterer kommunaler Hafenbereich. Anfang 2014 waren nach einem Belastungstest die Aussichten für eine solche Seemole auf den bereits in schwierigen Seeuntergrund getriebenen und zusätzlich zementierten Dalben konkreter geworden. Schwierige Böschungsbedingungen machten zuvor in der Nähe des Hafens zusätzliche Böschungsarbeiten mit Materialaustausch zur Vermeidung von Gleitflächen notwendig. Parallel erfolgt eine Überprüfung aller gekippten Böschungsabschnitte, um deren Standsicherheit nachzuweisen. Insgesamt sind in die Sanierung der ehemaligen Tagebaurestlöcher im Geiseltal rund 390 Millionen Euro investiert worden.

Die Marina Mücheln ist bereits Anziehungspunkt für Gäste von Nah und Fern. Sie wächst schrittweise weiter.

Einen guten Überblick über den Kunstsee erhält man am Aussichtspunkt »Michel-Vesta«, der mit Informationstafeln auf die bergmännische Geschichte hinweist. Im Hintergrund sind die Ortslage Großkayna und der Runstedter See zu sehen.

Der Großkaynaer See – Der Landschaftliche

Was aus Michel und Vesta wurde

Zwischen 1962 und 1965 wurde ein Damm zwischen der nördlichen und südlichen Abbaukante des Tagebaus Großkayna gekippt. Darauf wurden in der Folgezeit eine Straße, eine Bahntrasse und die Geisel verlegt. In den verbliebenen Hohlformen entstanden zwei Gewässer. Die beiden zusammen fast etwa 500 Hektar großen und 800 Millionen Kubikmeter Wasser fassenden jungen Gewässer südöstlich des Geiseltalsees sind nur durch die Ortslage Großkayna getrennt. Sie sind seit 1996 durch den natürlichen Grundwasseraufgang bzw. von 2001 bis 2003 zusätzlich mit Saalewasser gespeist worden. Gegenwärtig wird der nördliche Großkaynaer See nur von Wassersportlern genutzt. Dazu entstand für Surfer, Kanuten und Segler ein Stützpunkt des SV Großkayna 1922 e.V. Erst wenn die Wasserqualität besser wird, kann ein bereits von den Bergbausanierern angelegter Badestrand in Nutzung gehen. Der flache Südteil des Sees und das Westufer sind dem Landschaftsschutz vorbehalten, wobei im Süden schon ein Naturschutzgebiet existiert. Der Reitsportverein Südfeldsee Großkayna e.V. nutzt die vorhandenen Wege am See mit. Die Ufer des Großkaynaer See – insgesamt mehr als neun Kilometer lang – sollen einen Rundweg bekommen. Ein erhaltenes Schaufelrad eines Großgerätes hält die Erinnerung wach. Vom Aufschluss ab Dezember 1906 bis 1965 ging hier der Tagebau Großkayna um. Das Baufeld Michel förderte ab 1908 für die Brikettfabrik Michel und das Baufeld Vesta ab 1913 bis 1944 für die zwischenzeitlich errichtete Brikettfabrik Vesta. Insgesamt wurden zwischen 1897 bis 1913 viele solcher Fabriken im Geiseltal gebaut.

Die Stadt Naumburg – Mehr als Uta

Kreisstadt an der Mündung der Unstrut in die Saale

An der Mündung der Unstrut in die Saale gelegen, ist der mittelalterliche Charakter der Stadt bis heute erhalten. Da sie schon früh Sitz eines Bistums war, dominiert bis heute der Dom als Wahrzeichen die Stadt. Die Stadtgeschichte geht bis ins Jahr 1012 zurück, wo erhaltene Urkunden erstmals eine Handelskreuzung und einer darüber wachenden Burg der Markgrafen von Meißen erwähnen. Als bedeutender Handelsplatz des Mittelalters blühte die Ansiedlung auf. Über die Entstehung des Naumburger Domes ist wenig überliefert, seine ersten frühromanischen Gewölbe werden aber auf 1040 bis 1050 datiert. Seit 1144 hat die Stadt ihren Namen. Zur heute bekannten spätromanischen-gotischen Sankt-Peter-und-Paul-Kirche wird das Domkirchengebäude im 13. Jahrhundert erweitert. Um den Dom weiter zu vollenden, richtete 1229 Dietrich II. ein Spendengesuch an die Naumburger Bürger. Von ursprünglich zehn geplanten figürlichen Ausschmückungen entstanden zwölf Stifterfiguren im Westchor – vier Frauen darunter, die ab 1250 entstanden. Obwohl sie im Einzelfall bis zu 200 Jahre nach ihren lebenden Vorbildern entstanden, wirken die Figuren sehr natürlich und lebensnah. Neben Reglindis, der Gemahlin des Burggrafen Hermann von Meißen und den Gräfinnen Gerburg und Gepa ist die bekannteste Stifterfigur die Markgräfin Uta von Ballenstedt. Einzigartig ist die Darstellung von Laienpersönlichkeiten an einem Kircheninnenraum, der ansonsten Geistlichen vorbehalten war. Die neben der Vorhalle des Doms gelegene Dreikönigskappelle wurde um 1420 auf Anregung von Bischof Gerhard II. von Goch erbaut. In der Stadt erheben sich noch weitere Kirchentürme: der über 242 Stufen zu erklimmende rund 70 Meter hohe Glocken- und Wachturm der Wenzelskirche am Topfmarkt von 1228, das Spitztürmchen des ab 1385 erbauten historischen Renaissance-Rathauses, das Marientor als eines von ehemals fünf Stadttoren und die von 1897 bis 1900 errichtete »Kadette«. Sie war eine der letzten preußischen Kadettenanstalten bis 1920, diente später als Nazi-Bildungseinrichtung und Offiziersschule und beherbergt heute eine Außenstelle des Bundessprachenamtes

In der Folge der regionalen Neuordnung durch den Wiener Kongress geht auch Naumburg 1815 von Sachsen an das Land Preußen über. Weithin sichtbar ist auch das von Preußen erbaute neobarocke Gebäude des Oberlandesgerichtes Naumburg (nahe des Doms an der Stelle einer früheren Burg).

Die Stadt Weißenfels – Mit Novalishaus

Alte Stadt an der Saale

Unweit der A9 im Saaletal ist die Stadt Weißenfels zu finden. Seit 2010 gehört nicht nur die Kernstadt in den Saaleauen zum Stadtverbund sondern auch zehn Umlandgemeinden. Damit wuchs die Einwohnerzahl von zuletzt rund 29 000 wieder auf insgesamt über 39 000. In ihrer Blütezeit zählte die Stadt Anfang der 1980er Jahre schon einmal so viele Bürger. Sein Stadtrecht wurde Weißenfels bereits 1185 verliehen. Ausschlaggebend dafür war die oberhalb gelegene Burg Weißenfels, die auch von den Pfalzgrafen von Sachsen und später von den Thüringer Landgrafen beherrscht wurde. Die nahegelegene Saalefurt unterhalb der Burg ermöglichte den Handelsleuten den Fluss sicher zu überqueren. Im Dreißigjährigen Krieg wurde die Handwerker-, Schneider- und Schusterstadt stark in Mitleidenschaft gezogen und ihre Einwohnerzahl von 2200 auf unter 900 dezimiert. Ab 1547 wurde die Stadt dem Thüringer Kreis von Kursachsen zugeschlagen, nachdem sie zuvor schon bei der Leipziger Teilung von 1485 an die Wettiner gefallen war. Von der Baulust der Herzöge zu Sachsen-Weißenfels um 1660 zeugt auch das Schloss Neu-Augustusburg. Es gilt bis heute als eine der größten barocken Schlossanlagen Mitteldeutschlands, die ab 1680 bezogen wurde. Später wurde es als Lazarett, Lager, Polizeistation und Garnison genutzt. Seit 1993 gehört es der Stadt und ist nur teilweise saniert sowie sehr reparaturbedürftig. Die original erhaltene Schlosskirche, mit der Herzogs-Gruft, zählt zu den schönsten Kirchen des Frühbarocks. Aus der wohlhabenden Residenzzeit stammen auch das barocke Fürstenhaus aus 1673 in der Leipziger Straße und das viel kleinere Rathaus von 1722. Dazwischen lagen Welten, die des untergehenden Adels und des aufstrebenden Bürgertums. Das Novalishaus erinnert an die Familie des kurfürstlich-sächsischen Salinendirektors Heinrich Ulrich Erasmus von Hardenberg, der 1786 nach Weißenfels zog. Sein Sohn Friedrich von Hardenberg wurde als bergmännischer Dichter und Denker Novalis bekannt.

Der Burg auf dem weißem Felsen über der Siedlung verdankt die Stadt ihren Namen. Die Siedlung an der Burg profitierte von der Via regia, einer der großen Handelsstraßen, die durch das Siedlungsgebiet von Schlesien bis an den Rhein verlief.

Das Autobahnkreuz Rippachtal – Ein Blatt in der Landschaft

Wo Beton auf Geschichte trifft

Heutzutage ziehen die Kaufleute und ihre Speditionen über die Autobahnen. Das nahegelegene Autobahnkreuz Rippachtal verbindet die Nord-Süd-Strecke der Bundesautobahn 9 von Berlin an Leipzig vorbei nach München mit der Querstrecke, der sogenannten Südharzautobahn. Das Kreuz der BAB 9 bei Merseburg mit der BAB 38 entstand in den 1990er Jahren. Es befindet sich etwa 25 Kilometer südwestlich von Leipzig und liegt im Burgenlandkreis auf der Gemarkung von Lützen und Weißenfels. Es verdankt seinen Namen dem Flüsschen Rippach, das bei Krauschwitz entspringt. Das Autobahnkreuz in Form eines dreiblättrigen Kleeblatts besteht aus drei Brücken und einer Tangentenlösung. Anstatt einer direkten Rampe von der BAB 9 aus München kommend wurde in Richtung Göttingen eine Tangentenfahrbahn gebaut. Während die A38 vierstreifig in beide Richtungen ausgebaut wurde, verfügt die Nord-Süd-Strecke über sechs Fahrstreifen. Heute passieren rund 90 000 Fahrzeuge am Tag dieses Verkehrsbauwerk. Das Kreuz, im Land Sachsen-Anhalt gelegen, wurde 1997 eingeweiht. Bereits im Jahr 2012 mussten südlich des Kreuzes die Fahrbahnen wegen hoher Verkehrsbelastung und dem sogenannten Betonkrebs schon wieder erneuert werden. Dazu mussten die von der Alkali-Kieselsäure geschädigten Abschnitte ausgefräst und durch Gussasphalt ersetzt werden. Ursache des Betonkrebses ist die unterschiedliche Zusammensetzung der verwendeten Baustoffe, die zu Säureschäden im Beton führen. Daher müssen alle Strecken, die auch rund um Leipzig und Halle in den 90er Jahren gebaut wurden, schrittweise erneuert werden. Dazu gehören auch Abschnitte der BAB 38 und das Kreuz Rippachtal.

Rund 45 Millionen Euro wendet das Landesautobahnamt jährlich auf, um die Schäden am Autobahnnetz in Sachsen-Anhalt beseitigen zu können. Autobahnen halten in der Regel nur noch 20, maximal 25 Jahre, dann sind sie oft verschlissen.

Literaturverzeichnis

Die Seenmacher – Eine Generationenaufgabe
- LMBV Einblicke 2012
- LMBV-Sanierungsbericht 2012
- LMBV-Sanierungsbericht 2013
- www.lmbv.de

Das Seenschaffen – Eine Herausforderung
- LMBV-Wasserwirtschaftlicher Bericht 2012
- LMBV-Wasserwirtschaftlicher Bericht 2013
- www.lmbv.de

Die Sanierer bewegen Neuland
- LMBV: Zwei Jahrzehnte Braunkohlesanierung – Eine Zwischenbilanz 2010
- LMBV/ SächsOBA: Impulse für die Regionalentwicklung 2012
- www.lmbv.de

Neue Wasserlandschaften – Investitionsmekka
- LMBV: Zwei Jahrzehnte Braunkohlesanierung – Eine Zwischenbilanz 2010
- LMBV/ SächsOBA: Impulse für die Regionalentwicklung 2011
- Leipziger Volkszeitung; Mitteldeutsche Zeitung
- www.lmbv.de

Die schwarzen Löcher – Die aktiven Tagebaue
- LMBV: Landschaften im Wandel – Bergbaufolgeseen in Mitteldeutschland 2011
- www.mibrag.de; MIBRAG: Tagebau Profen, Faltblatt 2009
- Gute Gründe in der Region Faltblatt 2009
- MIBRAG in Zahlen und Fakten Flyer 2013

Die neuen Wasserlandschaften – Mit Reizen
- LMBV: Landschaften im Wandel – Bergbaufolgeseen in Mitteldeutschland 2011
- TV Leipziger Land: Leipziger Neuseenland – Land in Bewegung 2007
- www.wasser-stadt-leipzig.de

Die Wasserwege im Leipziger Neuseenland
- LMBV: Gewässerverbindung Zwenkauer See – Cospudener See, 2013
- www.leipzigerNeuseenland.de; www.leipzig.de
- www.gruenerring-leipzig.de

Der Cospudener See – Der erste große Nutzbare
- LMBV: Landschaften im Wandel – Bergbaufolgeseen in Mitteldeutschland 2011
- LMBV: Wandlungen und Perspektiven: Böhlen/Zwenkau/Cospuden; 2010 www.markkleeberg.de; www.leipzigseen.de
- de.Wikipedia.org: Cospudener See

Die Pier 1 und der Hafen Zöbigker
www.markkleeberg.de; www.leipzigseen.de
www.wasserwirtschaft-am-pier1.de

Die Bistumshöhe und der BELANTIS-Park
www.markkleeberg.de; www.leipzigseen.de
www.belantis.de; www.freizeitpark-welt.de
www.neue-harth.de

Die Connewitzer Schleuse – Süddurchlauf
- www.leipzig-am-wasser.de; www.lmbv.de;
- www.lvz-online.de; www.leipzig-dasdorf.de
- LMBV: Connewitzer Schleuse, Mediendaten, 2011

Die Cospudener Schleuse – Seeanschluss
- LMBV: Wandlungen und Perspektiven: Böhlen/Zwenkau/Cospuden; 2010
- Leipzig: Wasserwandern im Leipziger Neuseenland, Kurs 1, Pocketflyer
- www.leipzig-am-wasser.de/schleusen/schleuse-cospuden/

Die Stadt Markkleeberg – Mehr als zwölf Dörfer
- www.markkleeberg.de; www.markkleeberger-see.de
- www.torhaus-markkleeberg.de
- www.keesscher-park.de

Der Markkleeberger See – Der stadtnahe See
- LMBV: Landschaften im Wandel – Bergbaufolgeseen in Mitteldeutschland 2011
- LMBV: Gewässerlandschaften im Leipziger Neuseenland, 2010
- LMBV: Wandlungen und Perspektiven: Espenhain; 2010

Die Markkleeberger Promenade – Wohnen und leben am See
- www.markkleeberg.de;
- www.leipzig-am-wasser.de

Der Ferienpark Auenhain
- www.seepark.auenhain.de
- www.markkleeberger-see.info

Der Kanupark – Rafting am See
- www.kanupark-markkleeberg.com; www.wildwasser-terrasse.de
- www.seepark.auenhain.de

Der Störmthaler Kanal – Verbundene Seen
- LMBV: Infoblatt Kanuparkschleuse, 2013
- LMBV: Gewässerverbindung Störmthaler See – Markkleeberger See, 2013
- LMBV: Gewässerverbindung vom Markkleeberger See zur Pleiße, 2013

Der Bau der BAB 38 – Die Piste auf Kippe
- www.baustellen-doku.info
- www.autobahngeschichte.de

Die BAB 38 – Der Neubau im Südraum
- www.drehscheibe-online.de
- www.lvz-online.de; de.wikipedia.org

Der Technikpark – Vom Abstellen zum Museum
- www.bergbau-technik-park.de; www.lmbv.de
- www.kuhstall-großpoesna.de; www.industriekulturtag-leipzig.de

Der Störmthaler See – Der künftige Urlaubersee
- Braunkohlenbergbau im Südraum Leipzig; Publikation Freistaat Sachsen, Band 11, Bergbaumonographie, 2004
- LMBV: Landschaften im Wandel – Bergbaufolgeseen in Mitteldeutschland 2011
- LMBV: Gewässerlandschaften im Leipziger Neuseenland, 2010
- LMBV: Wandlungen und Perspektiven: Espenhain; 2010

Kunstobjekt VINETA – Schwimmende Erinnerung
- www.vineta-stoermthal.de; www.leipzigerneuseenland.de;
- www.info-tv-leipzig.de; www.grosspoesna.de

Das Seeresort LAGOVIDA im Entstehen
- www.lagovida.de; www.lmbv.de
- www.leipzigerneuseenland.de;

Der Industriepark Espenhain – Der Neuanfang
- LMBV-Sanierungsbericht 2013; www.mitteldeutscher-industriepark.de
- LMBV: Exposé zum Mitteldeutschen Industriepark Espenhain
- www.ostkohle.de

Die Schaltwarte – Wo Pressen Münzen prägen
- www.geiger-edelmetalle.de; www.tde-espenhain.de
- LMBV: Wandlungen und Perspektiven: Espenhain; 2010
- www.tagebau-espenahin.de

Der Stausee Rötha – Das kleine Staugewässer
- www.roetha.de; www.anglerverband-leipzig.de;
- www.inverstoren-neuseenland.de; www.leipziger-seen.de

Der Speicher Witznitz – Der Geschichtsträchtige
- LMBV: Wandlungen und Perspektiven: Witznitz, 2010
- www.lmbv.de; www.devatsiert.de

Der Kahnsdorfer See – Der saure Natursee
- www.rpv-westsachsen.de; www.smul.sachsen.de
- www.inverstoren-neuseenland.de; www.leipziger-seen.de
- www.zv-witznitzer-seen.de

Der Hain-Haubitzer See – Der Verbundene
- LMBV: Wandlungen und Perspektiven: Witznitz, 2010
- www.hainer-see.de; www.lmbv.de; www.zeit.de
- www.cafekahnsdorf.de

Die Lagune Kahnsdorf – Mit Wasserblick
- BlauwasserSeenmanagement GmbH; www.hainer-see.de; www.lmbv.de;
- www.neukieritzsch.de: www.leipzig-freizeit.de

Der Bockwitzer See –Der Naturnahe
- LMBV: Wandlungen und Perspektiven: Bockwitz, 2010
- Seeprofil im Investorenkatalog; www.seen.de
- www.sachsen-tourismus.de

Die Stadt Borna – Zwischen Zwiebel und Kohle
- www.borna.de; www.geschichte-borna.de;
- www.borna-aktuell.de; BornaerZwiebelweiber auf www.atelier-maria.de

Der Bau der BAB 72 –Die Nord-Süd-Querung
- www.deges.de; www.verkehr.sachsen.de
- Leipziger Volkszeitung; www.mdr.de
- de.wikipedia.org/wiki/Bundesautobahn_72

Der Speicher Borna – Die Pleiße-Adria
- www.borna.de; www.talsperren.net
- www.investoren-neuseenland.de

Das Vereinigte Schleenhain – Kohlelieferer
- MIBRAG: Tagebau Vereinigtes Schleenhain, Faltblatt 2009
- Pressemitteilungen von www.mibrag.de; www.mdr.de

Das Kraftwerk Lippendorf – Stromerzeuger
- Kraftwerke.vattenfall.de; www.braunkohle.de
- www.rund-blick-leipzig.de; www.heuersdorf.de

Der Mondsee – Ein Meisterstück der Bergleute
- Freizeitpark Pirkau in www.mondesee-hhm.de; www.mibrag.de;
- www.mz-web.de; www.kulturstiftung-hohenmoelsen.de

Der Haselbacher See
- www.haselbachersee.de; www.altenburg-tourismus.de;
- www.leipziger-neuseenland.de; www.nacktbaden.de

Die Förderbrücke Zwenkau
- LMBV: Wandlungen und Perspektiven: Böhlen/Zwenkau/Cospuden; 2010
- Presseinformationen auf www.lmbv.de

Die Stadt Zwenkau
- www.zwenkau.de; Leipziger Volkszeitung; www.ev-kirche-zwenkau.de
- www.heimatverein-zwenkau.de: www.sattelhofzwenkau.de

Das KAP ZWENKAU
- www.zwenkau-see.com; www.hausamkap.de
- www.neue-harth.de

Das Hochwasserentlastungsbauwerk
- www.lmbv.de; www.ministerpraesident.sachsen.de
- www.zwenkauer-see.com; www.zwenkau.de

Die Metropole Leipzig
- www.leipzig.de; www.leipzig-sachsen.de; www.leipzig.travel.de
- www.leipziger-messe.de; www.leipzig-online.de; www.leipziginfo.de

Die Universitätsgebäude von Leipzig
- www.uni-leipzig.de; www.zv.uni-leipzig.de; www.unigeschichte.de
- www.schoenes.leipzig.de

Die Rathäuser von Leipzig
- www.stadtmuseum.leipzig.de; www.stadtgeschichtliches-museum-leipzig.de
- www.leipzig-lexikon.de; www.leipzig.de; www.leipzig-sachsen.de;
- www.dasalterathaus-leipzig.de

Das Panometer Leipzig
- www.asisi.de; asisi-panometer.lvz.online.de
- www.leipzig.de: www.altconnewitz.de; www.leipzig1813.com

Das Gondwanaland im Zoo
- www.zoo-leipzig.de; www.mdr.de; de.wikipediea.org./wiki/Gondwanaland
- www.baustellen-doku-info; www.baunetzwissen.de; www.bauforumstahl.de

Das Leipziger Stadion
- www.sportforum-leipzig.com; www.zentralstadion-le.de
- www.erlebnis-stadion.de; www.leipzig.info.de; www.stadionwelt.de

Das Scheibenholz
www.galoppimscheibenholz.de; www.vereine-leipzig.de
www.mdr.de/damals; www.bild.de; www.pferde-zucht-sport.de

Der Kulkwitzer See
- www.kulkwitzer-see.de; www.markranstedt.de
- www.leipzigerneuseenland.de; www.leipzigseen.de; markranstaedt-info.de
- www.wasserski-leipzig.de; www.leipzig.de; www.gruen-as.de

Die Stadt Markranstädt
- Amtsblatt der Stadt Markranstädt;
www.markranstedt.de; www.schloss-altranstaedt.de

Der Flughafen
- Tack, Hans-Dieter: Der Flughafen Leipzig/Halle; Sutton-Verlag, 2010
- www.leipzig-halle-airport.de; www.schkeuditz.de; www.luftfahrtstaetten.de
- www.mz-web.de; www.architeckten24.de

Das Schkeuditzer Kreuz
- Leipziger Volkszeitung; Mitteldeutsche Zeitung;
- www.schkeuditz.de; www.autobahnkreuze-online.de; www.planungsregion-halle.de

Der Nordraum des Leipziger Neuseenlandes
- LMBV: Wandlungen und Perspektiven: Delitzsch-Südwest/Breitenfeld; 2013
- LMBV: Landschaften im Wandel – Bergbaufolgeseen in Mitteldeutschland 2011

Die Schladitzer Bucht
- www.all-on-see.de; www.leipzigerneuseenland.de; www.tourismus-nordsachsen.de
- www.gemeinde-rackwitz.de; biedermeierstrand.de; www.kohle-dampf-licht.de

Der Werbeliner See
- LMBV: Wandlungen und Perspektiven: Delitzsch-Südwest/Breitenfeld; 2013
- www.delitzsch.de; www.outdooractive.de; www.anglerverband-leipzig.de
- www.radfahren-in-leipzig.de; www.adfc-leipzig.de
- www.leipzigerneuseenland.de; www.tourismus-nordsachsen.de

Die Stadt Delitzsch
- www.delitzsch.de; www.barockschloss-delitzsch; www.delitzsch.org
- www.sachsens-museen-entdecken.de; www.burgen-und-schloesser.net
- www.schloessserland-sachsen.de; tiergarten-delitzsch.de

Die Erneuerbaren um Delitzsch
- www.delitzscherland.de; www.delitzsch.de
- www.landesgartenschau-delitzsch.de

Der Seelhausener See
- LMBV: Wandlungen und Perspektiven: Holzweißig/Goitsche/Rösa
- www.bund.net; www.lmbv.de; www.bitterfeld-wolfen.de
- www.investoren-neuseenland.de; www.rpv-sachsen.de

Der Holzweißiger See – Mit grünen Nachbarn
- LMBV: Wandlungen und Perspektiven: Holzweißig/Goitsche/Rösa, 2009
- www.bitterfeld-wolfen.de; www.hvhholz.kilu.de

Der Paupitzscher See
- Wilde, M.: Die verlorenen Dörfer des Kreises Delitzsch; 1999
- www.goitzsche.de; www.goitzsche-biker.com; www.investoren-neuseenland.de
- www.lmbv.de; www.burg-halle.de

Der Bitterfelder Bogen
- www.bitterfelder-bogen.de; www.bitterfeld-wolfen.de; www.anhalt-bitterfeld.de

Die Stadt Bitterfeld-Wolfen
- www.bitterfeld-wolfen.de; www.bitterfeld-online.de; www.ifm.wolfen.de
- www.glueck-auf-tour.de; www.kreismuseum-bitterfeld.de; www.lmbv.de

Der Große Goitzschesee
- LMBV: Wandlungen und Perspektiven: Holzweißig/Goitsche/Rösa, 2009
- www.goitzsche-wildnis.de; www.goitzsche-camp.de
- www.goitzsche.eu; www.goitzschetours.de; www.goitzsche.tv

Die Bitterfelder Wasserfront
- www.ipg-bitterfeld.de; www.lmbv.de; www.goitzsch-tourismus.de
- www.werkstatt-stadt.de; www.zweckverband-goitzsche.de

Die Bernsteinvilla
www.villa-am-bernsteinsee.com; www.ksk-anhalt-bitterfeld.de
www.goitzsche-events.de; www.marina-bitterfeld.de; www.ms-vineta.de;

Der Pegelturm und die Wildnis
- www.pegelturm.de; www.hotelbernsteinsee.de; www.feriendorf-pegelturm.de
- www.marina-bitterfeld.de; www.eiscafe-am-pegelturm.de; www.lmbv.de

Das Spring Break-Festival
- www.sputnick.de; www.blaues-band.de; www.lmbv.de
- www.zehn.de/landschaftskunst; www.anhalt.web.de

Der Poucher Turm
- www.gemeinde-muldestausee.de; www.goitzsche-tours.de; www.feuerwehr-pouch.de
- www.pouch-inoffiziell.de; www.poucher-boote.de; www.altwerk-pouch.de

Der Muldestausee
- www.muldestausee.de; www.blaues-band.de; www.schachtbaude.de
- www.gemeinde-muldestausee.de; www.informationszentrum-hausamsee-schlaitz.de

Der Gremminer See
- LMBV: Wandlungen und Perspektiven: Golpa-Nord/Gröbern, 2010
- www.gremminer-see.de; www.ferropolis.de; www.lmbv.de
- www.lutherstadt-wittenberg.de; www.blausee-groebern.de

Die FERROPOLIS
- LMBV: Wandlungen und Perspektiven: Golpa-Nord/Gröbern, 2010
- www.ferropolis.de; www.graefenhainichen.de; www.gartentraueme-sachsen-anhalt.de

Die Stadt Gräfenhainichen
- www.graefenhainichen.de; www.paul-gerhard-gesellschaft.de
- www.kulturreise-ideen.de; www.ekpn.de; www.heiligenlexikon.de

Der Gröberner See
- LMBV: Wandlungen und Perspektiven: Golpa-Nord/Gröbern, 2010
- www.lmbv.de; www.blausee-groebern.de; www.anhalt-bitterfeld.de

Die Stadt Dessau
- www.dessau.de; www.dessau-geschichte.de
- www.anhalt-bitterfeld.de; www.bauhaus-dessau.de

Der Bergbau von Nachterstedt
- www.lmbv.de; www.stadt-seeland.de
- www.glueck-auf-tour.de

Das Schadelebener Ufer
- www.schadeleben.de
- www.harzerseenland.de; www.investoren-neuseenland.de

Die Stadt Aschersleben
- www.aschersleben.de; www.aschersleben-tourismus.de
- www.zoo-aschersleben.de; www.ascherselben-online.de

Der Motorpark Arena Oschersleben
- www.motorsportarena.com; www.motopark.com; www.oscherslebenbode.de
- www.flugplatz-aschersleben.de

Die Stadt Merseburg
- www.merseburg.de; www.merseburger-dom.de;
- www.merseburg-tourist-ev.de; www.hs-merseburg.de

Von Leuna bis Buna
- www.leuna.de; www.leuna-stadt.de; www.infraleuna.de
- www.basf-leuna.de; www.leunawerke.de; www.total.de

Der Wallendorfer See
- www.gemeinde-schkopau.de; www.investoren-neuseenland.de
- www.lochau.org

Der Tagebau Amsdorf
- www.wachs-und-mehr.de; www.braunkohlenstrasse.de

Der Salzige See
- www.harzregion.de; www.harzlife.de; www.eisleben.eu
- www.vmbh-mansfelder-land.de; www.lau.sachsen-anhalt.de

Der Süße See
- www.seegebiet-tourismus.de; www.seeburg-schloss.de
- www.suesser-see-tourist.de; www.campingplatz-seeburg.de;

Die Stadt Halle
- www.halle.de; www.halle-saale.com; www.händelstadt-saale.de
- www.sachsen-anhalt-wiki.de; www.hallesaale.info

Die Neustadt
- www.halle.de; www.mz-web.de; www.mdr.de.
- Hallespektrum.de; www.sachsen-anhalt-wiki.de

Der Hufeisensee
- www.bueschdorf.info; webcam-hufeisensee.de
- www.mz-web.de

Die Geiseltal-Region
- LMBV: Wandlungen und Perspektiven: Geiseltal, 2010
- www.geiseltalsee.de www.geiseltal.info; www.muecheln.de
- www.geiseltalsee-gastronomie.de; www.weinbau-am-geiseltalsee.de

Der Großkaynaer See und der Runstedter See
- www.braunbedra.de; www.investoren-neuseenland.de; www.lmbv.de
- geiseltaseen.jimdo.com

Die Stadt Naumburg
- www.naumburg.de; www.naumburg-geschichte.de
- www.stadt-naumburg.de; www.mv-naumburg.de; www.naumburger-dom.de

Die Stadt Weißenfels
- www.weissenfels.de; www.weissenfels1745.de
- www.reportagereisen.de; www.via-regia.org

Das Autobahnkreuz Rippachtal
- www.autobahnkreuze-online.de; www.mz-web.de
- www.brueckenweb.de; www.azv-sr.de